Ein Schaffhauser auf dem West Highland Way

Inhaltsverzeichnis

Vorwort

Es war eine spontane Idee. Wie ich meinen Sommerurlaub verbringen sollte. Das Wandern war schon seit jeher mein Steckenpferd. Man ist ja Schweizer, dies saugt man irgendwie mit der Muttermilch auf und die Wanderschuhe werden angepasst, kaum macht man die ersten Schritte.
Doch beschränkte ich mich bisher auf Rundwanderwege. Man sollte des Abends stets wissen, wo man sei. Ein Gefühl der Sicherheit. Man geht nicht verloren. Zudem steht ja das Auto an einer Ecke und will nach Hause gebracht werden.

Der Gedanke hatte etwas befreiendes. Einfach los gehen, nicht angebunden oder gewissermassen einem Ort verpflichtet sein. Mit einem festen Ziel, welches aber einige Tage entfernt lag. Schon bei der Idee fühlte ich eine fröhliche Unbeschwertheit. Einfach starten und dann soweit einem die Füsse tragen.
Es steckte eine gewisse Sorglosigkeit in meinem Tun. Selbstverständlich keine bedrohliche, doch wäre der Start vielleicht eine Idee gemütlicher gelungen, hätte ich den Weg ein wenig strukturiert. Aber wir lernen aus den Erfahrungen. Zudem wäre alle Vorbereitung müssig gewesen, da es einen immensen Unterschied darstellt, ob man eine Tageswanderung mit drei Ovo-Sport und einem Liter Wasser begeht, oder seine Behausung und Proviant für Tage an den Rücken geschnallt hat.

Selbstverständlich existieren Reiseführer für den West Highland Way. Gefühlte hundert auf englisch und einer auf deutsch. Hartmut Engel, Schottland: West Highland Way (ISBN 978-3-86686-371-2). Es ist ein sehr guter Reiseführer, zumindest hat er dafür gesorgt, dass ich wieder hier sitze und schreiben kann. Er beschreibt alle Ziele, die Wegstrecken, eine Fülle an Möglichkeiten. Wollte man auf jede eingehen, bräuchte man mehrere Wochen, sollte sein Gepäck transportieren lassen und muss etwa alle sieben Kilometer ein Nachtlager aufschlagen.

Doch möchte ich hier weder das Rad neu erfinden, noch einen Schweizer Abklatsch verfassen. Es ist eine einfache Reiseerzählung, mit dem Minimum an Informationen, welche

jemand braucht, der den Weg vielleicht ebenso unbeholfen wie ich unter die Füsse nehmen will.
Die Eckdaten pflege ich über den Artikel zu nehmen, ebenso wie die Anschriften von Verpflegungsstationen oder gewählten Unterkünften.

Eine Anmerkung zu den Adressen. Liest sich in etwa so präzise wie Meier, Bern, Schweiz, ist mir bewusst. Die Sachlage ist folgende, dass man auf dem West Highland Way nur sehr wenige wirkliche Dörfer oder gar Städte passiert. Genau gesagt, bestehen einige Orte nur aus einer Handvoll Häuser, dementsprechend vielen Einwohnern, oder gar nur aus einem Hotel oder einer Jugendherberge. Daher vertraut den Angaben, ihr werdet die Gebäude finden. Und für eine allfällige Reservation sei sowieso der Besuch der Homepage empfohlen.

Meines Erachten jedoch völlig unnötig. Ich reiste zu Beginn des schönen Monats Juli und fand überall eine Ecke zu nächtigen, oder meine Notdurft zu verrichten. Ja, auch dies ist durchaus ein Thema, wenn es auch in keinem Reiseführer steht. Und findet man keine Unterkunft, geht man eben noch ein paar Meter und stellt sein Zelt auf. Wild Campen ist in Schottland nicht irgendeine Grauzone sondern ausdrücklich erlaubt.

Ich packe in meinen Rucksack

KLM zu empfehlen wäre etwas vermessen, weil ich schlichtweg nur KLM für die Reise nach Glasgow kenne. Sie beförderten mich wohlbehalten dahin, daher haben sie ihren Job getan.
In Amsterdam hiess es umsteigen, das Gepäck wurde ohne mein Zutun von der Gesellschaft in den anderen Flieger umgeladen. Lächelt jetzt nur, aber dies sind Ungewissheiten, welche den Gelegenheitsreisenden urplötzlich quälen. Also, KLM verfrachtete mich und mein Gepäck in etwa fünf Stunden, inklusive Wartezeit, nach Glasgow. Damit sich die Lachenden noch komplett ausschütten können; Erst trachtete ich die Wartezeit so gering wie möglich zu planen, bis ich erfuhr, dass es mein Problem wäre, so der Flug Verspätung hätte und ich bestenfalls dem Anschlussflug noch nachwinken könne. Also rechnete ich ein wenig mehr ein. Füge ich nur an, falls zufällig der andere Nicht-Globetrotter auf der Welt, es gäbe nochmals einen, diese Zeilen in der Hand hält und auch eine Flugreise plant.

Zweiundzwanzig Komma zwei Kilogramm.
Soviel, dachte ich, benötigt der durchschnittliche Mann um zwei Wochen klar zu kommen. Die Waage am Check-In Schalter des Flughafen Kloten lieferte mir dieses Resultat, die nette Dame vom Schalter der Airline KLM winkte den Rucksack durch. Mit der überwältigenden Freundlichkeit, wie sie Flughafenangestellte bei Ferienbeginn nunmal an den Tag legen. Ein Grummel heisst Bordkarte, zwei Grummel mit etwas angehobener Tonlage gegen Ende ist die Erkundigung nach Handgepäck.
Einen bunten Klebestreifen an den Träger meines Leichtrucksacks. Die grosse Packung verschwand in einem schwarzen Loch in der Wand, begleitet von der Hoffnung, selbige im schottischen Glasgow wieder vom Band zerren zu dürfen.

Dreiundzwanzig Kilogramm, ohne Komma, und die Summe der addierten Seitenlängen nicht höher als 158cm, ohne Komma, ist das tolerierte Gepäckmass der KLM. 159 Zentimeter fällt bereits in die Gepäckklasse Golftasche bis Klavier und soll entsprechend vorangemeldet werden.
Auf eine Anfrage bei KLM, ein Rucksack ist so schlecht

auszumessen, erhielt ich die Antwort, bei der Aufgabe würde der Fall von Übergepäck geklärt, ich soll einen Beutel Bares mitnehmen.

Von diesen Angaben ausgehend bereitete ich meine Packung vor. Unzähliges einräumen, ausräumen, umsortieren, neu verpacken. Dabei die Vorschriften der KLM im Hinterkopf.
Keine Gasflaschen, keine Feuerzeuge, keine Messer, kein Zippo; Am liebsten würden sie es sehen, wenn man eine mit Watte gefüllte Tasche aufgibt und Übergepäck bezahlt.

Da ein Rucksack mit allerlei Riemen, Trag- und Befestigungsvorrichtungen ausgestattet ist - nicht zuletzt definiert dies einen Rucksack als solchen - läuft man natürlich Gefahr, dass sich dies gute Stück irgendwo verfängt und aus der Transportkette fällt. Er wird sich verfangen, ganz bestimmt. Den gesamten Gepäckverlad lahm legen. Mit Sicherheit. Wenn man die Schnürsenkel offen trägt, steht man mit absoluter Gewissheit auf selbige und wenn eine unscheinbare Schnalle des Rucksack nicht an ihrem Platz liegt, klickt diese sich unweigerlich in einer Ecke ein. In einer endgültigen Art und Weise, wie man es gewollt nie hingekriegt hätte. Während der Zug bereits zur Weiterfahrt ansetzt.

Nicht, dass ich triftige Gründe benötige um im Outdoorshop auf Einkaufstour zu gehen, doch nahm ich dies als Anlass um einen Rucksack-Sack zu bestellen.
Eine Hülle mit fingerabtrennendem Traggriff und Namen-Etikette. Wenn wir schon den virtuellen Einkaufswagen durch die Gänge schieben, gibt es hier noch einen Essensbox, da eine Hose, dort ein Kompressionsbeutel, ein Wasserfilter-Entkeimsystem und Trekkingnahrung für eine kleine bis mittelgrosse ausgehungerte Kompanie. Beutel mit dehydriertem Inhalt, welcher sich nach der Zugabe von heissem Wasser in Rindseintopf, Chili-con-carne oder eine leckere Wildplatte verwandeln würde. Ich schreibe nicht sollte, denn ich war sehr überzeugt von diesem Konzept. Eine Empfehlung meines Bruders und der wusste über solche Dinge gut Bescheid. Hat er mir das Trampen vor, was mich nicht zuletzt bewegte, diese Lücke zu schliessen. Es ist ein wenig eine Frage des Stolzes.

Nach dem zehnten Ein- und Auspacken muss man irgendwann

einen Schlussstrich ziehen und die Packung verschnüren. Den eigenen Fähigkeiten vertrauen, dass man alles erdenkliche eingepackt hat. Man wird sowieso erst beim umsteigen auf das dritte Beförderungsmittel gewahr, dass der Reise-Steckdosenadapter zuhause im ersten Stock auf dem Esstisch liegt. Gleich neben der Liste der Adressen für die Postkartenempfänger, welche man noch schnell erstellt hat.
Im Handgepäck, trug ich die schweren Wanderstiefel mit. Im Rucksack-Sack fanden diese keinen Platz mehr, zudem wäre der Verlust dieser am ärgerlichsten. Nicht wegen des Anschaffungspreises, sondern weil man gute passende Schuhe ungern hergibt. Für alles andere an Ausrüstung gibt es die Mastercard und verkaufswillige Shopbesitzer.

Ich mag Flugreisen. Und hasse sie.
Für ungeduldige Menschen wie meine Wenigkeit, unfähig ruhig in der Schlange zu stehen ohne den agierenden Menschen hinter den Schaltern ob ihrer Trägheit die Beulenpest an den Hals zu wünschen, ist die Flugreise wohl die unpassendste Wahl, von A nach B zu gelangen.
KLM wünscht, dass Reisende innerhalb von Europa - obwohl sich England ja nicht zu Europa zählt - neunzig Minuten vor Boarding das Gepäck aufgeben. Selbstverständlich befördert mich kein Zug genau auf diesen Zeitpunkt an den Flughafen, zudem ist damit zu rechnen - obwohl die Hoffnung stets besteht - dass man nicht der einzige Passagier ist. An diesem Samstag Nachmittag. Beginn der Sommerferien in dreiviertel der Schweizer Kantone.
Obwohl ich keinen Nachwuchs in staatlichen Bildungsstätten stecken habe, schaffe ich es stets, meine Sommerferien in bester väterlicher Manier auf die Schulferien zu legen.

Leicht panisch schleppte ich keuchend an einem zahnseidenen Traggriff unter Schmerzen den grossen Rucksack-Sack durch die Hallen des Flughafens Zürich-Kloten. Der Ironie gewahr, dass im Inneren dieses Rucksack-Sacks ein Rucksack mit Tragriemen ruhte, welchen ich gedachte über hundert Kilometer durch Schottland zu tragen. Ich bin beileibe nicht der erfahrene Flugreisende, auch wenn man sich ungern als Tourist outet. Geschweige denn im eigenen Land. Doch obwohl noch gut 45 Minuten Zeit, spürte ich einen gewissen Druck. Muss meinen Flug erwischen. Ich nahm die Hilfe eines Gefährts in Anspruch.

Mit einem kleinen quietschenden Wagen graste ich sämtliche Check-In des Flughafens ab, um zu guter Letzt eine Däumchen drehende Angestellte in der Wichtigkeit ihrer Beschäftigung zu stören.

Zuvor hatte ich die glorreiche Idee, die zwei Reissverschlüsse meines Rucksack-Sackes mit einem Schlüsselring zu verbinden, dass sie sich nicht selbständig öffnen mögen und irgendwo zwischen Zürich und Amsterdam den Inhalt der Tasche freigeben. Ich spürte die Argusaugen des Wachpersonals, wie ich in der Leere der Flughafenhalle schweissüberströmt, mit vor Anstrengung zitternden Fingern versuchte den Ring über den Reissverschluss zu würgen. Eigentlich wartete ich nur auf eine Einladung, mein Gepäck in einen kleinen Raum zu schleppen und durch eine Glasscheibe getrennt, der fachmännischen Zerstörung meines Rucksacks beizuwohnen.
Bevor ich die Tüte vollends zerriss, schmiss ich hin und legte den Transport des Gepäcks in Gottes Hand.
Nach der Aufgabe meiner Tasche, dem Röntgencheck des Handgepäcks und einem Spaziergang durch den Metalldetektor galt es nun etwas über zwei Stunden totzuschlagen. Mit einem leichten Hunger im Bauch.

Natürlich muss in einem Flughafen niemand Hunger leiden. Wer Gruppen-kuscheln in unzähligem Cafés und Lounges mag, gerne ein labbriges Etwas von einem keimstrotzenden Kunstofftablett verspeist und seine Unterarme in diese schmierig-klebrige Masse der Tischkante drückt, die Rückstände von 529 flüchtig-feuchtem Abwischen, der ist bestens aufgehoben. Wer ein gutes, bodenständiges Sandwich a la Köhler-Beck verspeisen will, steht eher auf verlorenem Posten. Ich habe noch nie versucht, ein Sandwich durch die Gepäckkontrolle einzuschleusen. Doch da bereits ein Fingerbreit Wasser im Gepäck das Swat-Team aufbietet welches einem merkwürdige rote Punkte auf die Brust zaubert, scheint mir die Erfolgsquote eher gering.

Den Burger-King entdeckte ich erst auf dem Weg zum Gate.
Also verpflegt man sich mit Snickers und Wasser. Oder M&Ms. Oder kauft sich eine dieser 500 Gramm-Tobleronen. Nach der Zollkontrolle gibt es alles nur noch im XXL-Format. Und grundsätzlich zwei für eins. Die Angestellten rollen entnervt mit den

Augen, wenn man ihnen erklärt, dass eine Müllbeutelgrosse Packung M&Ms durchaus reicht und man daher gerne auf das zwei für eins-Angebot verzichten würde.
Und für jede Packung Kaugummi ist die Bordkarte hervor zu zerren, dass spätestens beim Betreten des Fliegers der Barcode einen Verknitterungsgrad aufweist, welcher die Angestellten vermuten lässt, man hätte diesen Zettel selber gezeichnet und er von keinem Scanner mehr lesbar ist. Selbstverständlich hat man die Bordkarte auch auf dem Smartphone. Man ist modern. Im Gegensatz zu den Akkus der Smartphones, welche einem Säugling gleich alle zwei Stunden angestöpselt werden möchten. Sobald man sein iPhone unter den Scanner schiebt, zeigt das Display nur noch einen blinkenden Akku.

Ich mag bescheidenes Handgepäck. Solches, welches man bequem unter den Sitz des Vordermannes schieben kann. Obwohl auch hier die Vorschriften klar umrissen sind, zerrt der Japaner einen Rucksack XXL durch den schmalen Gang. Gut, an einem Asiaten sieht jeder Rucksack irgendwie XXL aus, gebe ich zu. Nicht, dass ich Groll gegen Asiaten im Allgemeinen oder Japaner im Speziellen hegte, Gott bewahre, man erkennt sie einfach gleich als selbige und ein solcher hatte nun eben dieses Handgepäck bei. Ich hoffe der politischen Korrektheit genüge getan zu haben. Dieser Herr aus dem Land des Lächelns stritt sich nun non-verbal mit dem Geschäftsreisenden um den Platz im Fach, welcher seinen Samsonite mit solcher Hingabe in das Gepäckfach würgt, dass die alte Dame vorne links den Gurt Straff zieht, weil sie denkt, der Flieger sei soeben äusserst wackelnd gestartet. Es war ein stummes Gerangel, nur mit Blicken wünscht man sich gegenüber zur Hölle.

Es ist ein ungeschriebenes Gesetz, dass immer zuerst der Reisende mit dem Sitz zum Mittelgang ein Flugzeug betritt. Kaum hat dieser sich wohnlich eingerichtet, erscheint der Passagier welcher den Sitz in der Mitte der Dreierkombination hat. Lehnt man sich zurück, hat sich tiefenentspannt irgendwie in den Sitz gequetscht und gepresst, erscheint keuchend und schwitzend der Typ, welcher am Fenster sitzt. Das Keuchen gibt sich irgendwann, das Schwitzen oder zumindest die Ausdünstung bleibt. Nein, er möchte nicht, dass ich mein Frischluftgebläse öffne, es unterkühle seine linke Schulter und er könne danach den Kopf nicht mehr drehen.

Der Flug dauert circa neunzig Minuten.
Auf dem Weg zum Gate habe ich vier Toiletten passiert, ich nehme an, die übrigen Flugreisenden auch. Kaum erlischt das Anschnallzeichen, stehen sie Schlange vor dem Klo. Noch nie sah ich ein Flugzeugklo von innen, vielleicht hat dies einen besonderen Charme. Muss es beinahe, junge gesunde Menschen können keine solch schwache Blase haben.

Wer nicht den fünf Bier vor dem Start Tribut zollt, macht sich an seinem Handgepäck zu schaffen. Taschen werden heruntergezerrt, Notebooks befreit und vermanschte Thunfischsandwichs mit Selleriesaucenbeilage zwischen Necessaire und T-Shirt hervorgezerrt. Gott bewahre, dass man in diesen 90 Minuten in 10'000 Metern Höhe dem Hungertod erläge.
Entschuldigung, darf ich? Wieder das grosse Sesselrücken. Wobei man dem Herren zu Dank verpflichtet ist, dass er mit seinem zerfledderten Sandwich, dem tropfenden Fruchtsaft und seinem IBM Thinkpad zwischen den Zähnen nicht versucht über die Beine zu steigen. Reise nach Jerusalem auf dem Flug nach Amsterdam.

Endlich sitzend fällt ihm auf, dass er entweder sein Notebook aufklappen oder das Tischchen herunterklappen kann, beides geht nicht. Sitzt da und räkelt sich um den Selleriesaft seines triefenden Thunfischsandwich von seinem Armani fernzuhalten. Wirkt mit seinem Notebook zwischen den Zähnen wie Donald Duck, als er sich nickend der Stewardess zuwendet, welche ihn soeben fragte, ob er ein Getränk möchte.
Ich bin kein Unmensch, stellte ihm mein Tischchen zur Verfügung. Aber er solle sein triefendes Sandwich auf seiner Seite lassen. Ein "Du-tust-jetzt-aber-auch-blöd"-Blick mit abschätzigem Betrachten meiner Wanderhose soll sowas wie ein Dankeschön sein.

Es mag lobenswert sein, wenn man seine Arbeitszeit nutzt. Aber wie viel Arbeit lässt sich auf einem Economy-Sitz in 60 Minuten ohne Internetverbindung bewältigen?
Bis die alten Firmen-Notebooks aufgestartet sind - man erkennt sie an den P-Touch-Klebern der IT mit irgendwelchen merkwürdigen Nummern und allgemein am versifften Zustand - vergeht schon eine Ewigkeit. Danach werden in einer Powerpoint drei oder vier

Zeilen geschrieben. Links von mir, ein Unilever-Mitarbeiter, tippt offline eine Mail und in der vorderen Sitzreihe ist man mit dem Wegklicken von Fehlermeldungen beschäftigt. Kaum haben die Herren ihren Desktop soweit vorbereitet und gesäubert, kommt die Stewardess mit den Snacks.
Danach nochmals auf die Toilette.
Eigentlich beginnen sie erst zu "arbeiten", nachdem die Durchsage erklungen ist, dass man die Notebooks schliessen und verstauen soll, man würde nun zur Landung ansetzen. Dafür jetzt umso hektischer. Unter Augenrollen und entnervtem Grummeln verstauen sie ihre Arbeitsgeräte, nachdem die Stewardess sie höflich dreimal aufgefordert hat, der Anweisung Folge zu leisten. Wie bitte soll die Wirtschaft einen Aufschwung erfahren, wenn man noch nicht einmal seinen Satz zu Ende tippen darf?
Kaum setzt der Flieger mit seinen hinteren Rädern auf, drängeln sie in den Gang, jetzt muss alles schnell gehen. Gewiss öffnen sich die Türen schneller, wenn man die Vierstunde Fahrt nach der Landung über den Amsterdamer Schiphol - ich bin kein Vielflieger, mich beeindrucken die Dimensionen der Flughafen immer noch - bereits steht und schubst.

Ja ich bin einer, welcher aus dem Fenster guckt und ob der wippenden Klappen auf dem Flügel in Entzückung gerät, während der routinierte Vielflieger die Passagiere über seinen Status als Globetrotter in Kenntnis setzt, indem er alle Sicherheitsvorschriften ignoriert. Vor mir wird während des Starts online der Blick gelesen, das Smartphone hoch erhoben, man soll sehen, was für ein abgebrühter, ganzer Kerl er ist und rechts von mir schreit der Holländer in das Telefon, er verstehe nichts, weil der Flieger eben gerade Schub gäbe.
Nicht, dass ich nun befürchte, die Boeing werde die Nase in die Piste bohren weil der Gast auf 21D ein dringendes Telefonat führen muss, aber irgendwie merkwürdig erscheint es einem schon. Vor allem aber respektlos.
Als letztes Kriterium, anschnallen ist für Kleinkinder. Die Gurte werden lose in den Schoss gelegt. Wohl hat er dreimal so lange, die Gurtschnalle mit Hemdfalten so zu kaschieren, dass es aussieht als hätte er sich angeschnallt um den Kontrollblick des Personals zu täuschen, aber es ist eine Frage des Prinzips.
Damn it feels good to be a gangsta.

Glasgow

Adressen:
Glasgow Pond Hotel, Great Western Road, North West, Glasgow, etwa 20 Minuten mit dem Taxi vom Flughafen

Ich liebe Hotels und ich liebe Camping.
Doch wie ich über meinen Whopper keine heisse Schokoladensauce giesse, lassen sich auch diese zwei Domizile schlecht verbinden. Entweder fühle ich mich mit dem halbmannshohen Rucksack an den Schultern vor der Theke der Rezeption extrem underdressed, oder bleibe mit dem Samsonite Rollkoffer im Kies des Campingplatzes stecken.

Dieses mal musste ich über meinen Schatten springen. Erst abends um zehn in Glasgow eingetroffen hatte ich nicht immens Lust mich am Flughafen in die Büsche zu schlagen, also checkte ich im Hotel ein.
Arg underdressed brauchte ich mich nicht zu fühlen, da das Hotel mit seinem 37cm-Röhrenfernseher und dem durchgelaufenen Spannteppich auch nicht mit Hilton im Konkurrenzkampf lag. Vor dem Fenster lümmelten Halbwüchsige in fleckigen Unterhemden, zogen an Glimmstengeln und labten sich am Gerstensaft. Auf dem Parkplatz spielten einige Kinder Fussball, das Tor markierte ein deutscher Reisecar. Angetrunkene Erwachsene bestärkten sie durch Applaus. Eine ganz feine Gegend hatte ich mir ausgesucht.

Selbstverständlich habe ich ohne Frühstück gebucht. Nicht bewusst, die Schnäppchenpreise bei ebookers scheinen stets ohne irgendwelche Mahlzeiten zu sein, auf dem Smartphone-Display sieht man dies auch nicht so genau.
Morgens steht man also im Frühstücksaal und fühlt sich wie ein eingeschlichener Penner, während die korpulente Dame auf ihrer Liste verzweifelt die Zimmernummer sucht. Zehn Pfund halfen über die allgemeine Peinlichkeit hinweg. Ich liebe die Währung. Franken ist was starkes, seriöses. Euro ist einfach Spielgeld. Aber Pfund, dies hat etwas mondänes, elitäres. Die Abgehobenheit schwingt mit, im Gegenzug ist es auch eine Idee anrüchig, ein Hauch Glosse spielt ein. Pfund hat einfach Charakter, ich wechsle es auch ungern

wieder zurück. Stets habe ich das Gefühl, ich erhalte minderwertige Ware dafür.

Auf fettige Würstchen, Speck und Bohnen verzichtete ich, hiess es doch ordentlich zu marschieren heute. Schon so besorgt, ob mein eingepacktes Toilettenpapier reichte, war ich nicht bemüht irgendwelche rein natürliche Vorgänge in der Bauchregion einer unnötigen Beschleunigung auszusetzen.
Zum letzten Mal erstellte ich die Packung. Kippte den gesamten Inhalt auf das Hotelbett und stellte sie wiederum komplett zusammen. Das Wasser aus der Leitung hatte diesen Chlorgeschmack, welcher zu sagen scheint 'Wir wissen, dass es nicht sauber ist, aber es wird sie nicht umbringen'. Vorsichtshalber entkeimte ich es. Nur weil ich das Set zum entkeimen bei mir hatte.

Milngavie Easter Drumquhassle Farm

Tag 1

Adressen:
Mountain Warehouse, 40a Crow Road W End Retail Park, Glasgow
Easter Drumquhassle Farm, Gartness Road, Drymen
Zugverbindung:
Partick, Merkland Court, Merkland Street, Glasgow
Milngavie, Glasgow

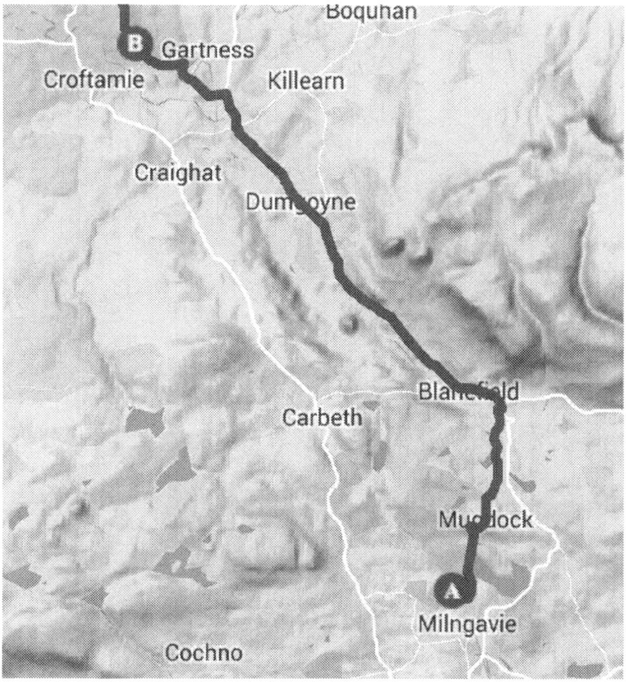

18.9 km

Man nehme die 22,2 Kilogramm, packe noch 2,5 Liter Wasser und den Handgepäck-Rucksack hinzu. Aus dem Zimmer in den Lift und raus auf die Strasse gezerrt, bedacht, den Schaden in der Hotel-Lobby in Grenzen zu halten.

Der erste Kilometer lief sich ganz gut. Gefühlter Kilometer, bald musste ich erfahren, dass das Gefühl für Distanzen bei halber Schrittlänge und kleinerer Schrittkadenz etwas durcheinander gerät. Bevor ich mich an den Startplatz für den West Highland Way begeben konnte, galt es einen Outdoor-Shop zu konsultieren. KLM untersagt das Mitführen von Gaskartuschen. Behauptet die Fluggesellschaft. Spätere Bekanntschaften beteuerten mir, dass dies absolut kein Problem darstelle.

Das Smartphone tief im Rucksack verstaut verlief ich mich mit meinem Google-Maps-Ausdruck gnadenlos in irgendwelchen Glasgowschen Vorgärten. Nicht weil ich nicht lesen kann oder mich papierne Karten verwirren, ich war einfach zu cool um mit einem Zettel vor der Nase durch die Strassen zu irren. Zudem musste ich die Rucksackträger irgendwie nach vorne ziehen um ein durch knicken des Schlüsselbeins zu verhindern.
Es begann zu regnen. Nur leicht. Ein Vorgeschmack möchte man sagen.

Irgendwann zog ich doch den Zettel aus der Tasche, im Schatten einer eisernen Bahnbrücke suchte ich mich auf dem leicht durchnässten Ausdruck zu orientieren.
Ob sie mir helfen könnten, erkundigte sich ein älteres Paar.
Völlig falsch wäre ich da. Aber sie wären sowieso unterwegs zum Einkaufen, ich solle mein Rucksack in ihren kleinen koreanischen Wagen laden, mich dazusetzen und sie würden mich dort abliefern.
Ja, ich war etwas gerührt. Was ich so auch mitteilte, worauf das Paar seinerseits ebenfalls ausserordentlich gerührt war und so fuhr ein Rucksack mit einem koreanischen Kleinwagen drumherum und drei heulenden Personen zum Cotsworld Outdoor Shop.

Nun, nicht ganz so dramatisch, aber ich überlegte mir schon, ob Schweizer nicht auch eine Idee freundlicher sein könnten. Art Furrer mag schon sagen "Wir sind eben Bergler, das braucht seine Zeit", nur hat der verirrte Tourist diese Zeit vielleicht nicht. Ferien hin oder her.

Nur immer hinschmeissen den Rucksack und umschauen, sprach der Herr im Outlet-Store. Im Mountain Warehouse Outdoor-Shop. Der männliche Teil meines Chauffeurpaares, ein Iraker, flüsterte mir verschwörerisch zu, dass dieser viel günstiger sei. Der Crazy Achmed unter den Outdoor-Stores, möchte man sagen.
Mit einer Gasflasche und einem Mikrofaser-Handtuch, mein eigens bestelltes lag zuhause, stand ich an der Kasse.
Eine überdimensional grosse Gasflasche, nicht die kleinen kompakten, mit solcherlei gab sich der Mountain Warehouse-Store gar nicht erst ab.
Es gäbe ein Problem, Handtuch wie Gasflasche wären, ihr erahnt es, im zwei für eins Angebot. Er könne mir nicht einfach nur einen Artikel mitgeben. Dies wäre ausgesprochen liebenswürdig, aber - mit einem Wink auf meinen Rucksack, dessen Nähte zu schreien schienen - ich könne beim besten Willen nicht mehr mitnehmen. Ob ich denn sonst was brauchen könnte. In etwa tausend Sachen, ohne nachzudenken und mit glänzenden Augen, aber der Rucksack...
Ein unbehagliches Schweigen.

Einen Karabiner, rief er erleichtert. Einen Karabiner könne man immer brauchen, meinte der nette Herr und schenkte mir daraufhin eines dieser universell einsetzbaren Dinger. Er bestehe darauf, dass ich ihn nehme und schloss in einem nahezu liebenswürdigen Akt meine Hand um das kleine metallene Ding.
Wo er recht hat, hat er recht, so baumelte der Karabiner die nächsten 155 km mehr oder weniger nutzlos neben den anderen sechs importierten Karabinern. Denn Karabiner kann man immer brauchen, diesen Gedanken hatte ich schon im heimischen Schaffhausen.
Aber dieser einer hat mich stets an die Gastfreundschaft der Schotten erinnert.

Nebst dem Wink mit dem Crazy Achmed-Outdoor-Store hat der nette Iraker mir den Weg zum nächsten Bahnhof erklärt.
Ich folgte einfach den Bahnschienen, dies war relativ einfach. Einfacher als das Lösen der Fahrkarte nach Milngavie, einem Vorort von Glasgow. Spricht sich irgendwie Mulgai oder so. Doch ich schätzte den bedienten Fahrkartenschalter der ScotRail. Kennt man so als Schweizer ja gar nicht mehr. So kann man mit Gesten, kleinen Zeichnungen und allerlei Verrenkungen seine Wünsche in

bester Pantomimemanier optisch zu Gehör bringen.

Während der ordentliche, pflichtbewusste Schweizer Bahnbegleiter mich mit Fusstritten aus dem Wagen geleitet hätte, hielt der schottische Schaffner, eine Seele eines Beamten, höflich den Rucksack, welcher eine ganze Sitzbank besetzte und streng genommen wohl einen eigenen Fahrschein gebraucht hätte, während ich meine eigene Fahrkarte heraus kramte.
Natürlich, hinsichtlich der Insel neige ich etwas zum idealisieren, aber die Summe der kleinen, feinen Unterschiede zeichnet unterm Strich schon einen Umgang mit Fremden, Touristen im besonderen, welcher uns Schweizer ein gewisses Verbesserungspotential bescheinigt.

Dann endlich ging es los. Die Sonne schien vom Himmel, ein Wegweiser geleitete mich gleich auf den richtigen Weg, es war einfach alles wundervoll.

Eingangs der Fussgängerzone sah ich zur rechten noch einen Shop, vor welchem sich Rucksäcke türmten. Letzte Nahrungsmittel erstehen. Ohne im Schritt inne zu halten überlegte ich mir, ob ich diesem Beispiel folgen sollte, hatte aber die Nase vom Einkaufen voll. Zudem strömte die Euphorie durch meinen Körper, ich wollte den Schwung mitnehmen. Zudem, mit meinem Trekking-Food, Instant-Kaffee und 2,5 Liter Wasser, was soll schon schief gehen.
Ein Obelisk markiert den Start. Kurz ein Foto, vorbei spaziert und nach 50 Metern dynamisch gewendet.
Der Weg startet rechts vom Obelisken, unter einem grossen Schild. Eigentlich nicht zu verfehlen. Aber kann ja mal passieren.

Von diesem Punkt an, war der Blick auf die Distel an Holzpfählen fixiert, welche den Pfad markieren.
Durch einen unerschütterlichen Optimismus getragen will ich sagen, recht flott unterwegs gewesen zu sein.
Die Strecke wurde von dem Autoren des einzigen deutschen Reiseführer in 14 Etappen unterteilt. Unnötig zu erwähnen, dass ich dieses Buch nur mal eben flüchtig überflogen habe. Was will ein Schwarzwald-Wanderer schon einem Schweizer erzählen. Mein Schlafzimmer hatte ich auf dem Rucksack, den Kochherd in selbigen und in einer zusätzlich angehängten Tasche mein Essen. Soviel Trekking-Nahrung, dass ich die Zivilisation eine Woche

meiden könnte, was benötige ich die Shop- und Übernachtungstipps.

Nun war ich also auf dem West Highland Way.
Irgendwie noch zu nervös um mich richtig auf die Landschaft zu konzentrieren. Sehr darauf bedacht, die Pfähle mit der Distel nicht zu übersehen. Es war ein normaler Wanderweg, welcher die Stadtgrenze bald hinter sich liess. Noch nicht ahnend, dass es Tage gehen würde, bis ich wieder eine grössere Stadt besuchen würde. Oder eine Einkaufsmöglichkeit. Wäre ich ich umgekehrt, hätte ich die Herausforderung bereits geahnt? Wahrscheinlich nicht. Gekonnt hätte ich es ignoriert.

Hie und da flitzte ein Biker vorbei, der ein oder andere Tagestourist, doch der Bevölkerungsstrom lichtete sich.
Die erste Etappe war nach etwas über 6 Kilometer geschafft. Nach Buch, ich weiss immer noch nicht wo diese zu Ende gewesen wäre. Konnte mir auch kein anderer Tramper erklären. Bin da locker flockig vorbei geflitzt. Obwohl mittlerweile der Rucksack auf die Schulter drückte.

Man darf sich meine Packung so vorstellen. Ein klassischer Tramper, 60 + 10 Liter. Wohl nach bestem Wissen und Gewissen den Empfehlungen der Firma Salewa Folge geleistet und das Gewicht verteilt. Dann musste dies noch rein, jenes noch rauf und wo bringt man nur selbiges unter?
Auf den Deckel hatte ich die Isomatte geschnallt. Selbstaufblasend. Keine Wunderding, ein paar Franken beim Discounter. Aber sie tut ihre Dienste, schon manches Jahr. Schlafsack in das Bodenfach gepfercht und im Hauptteil was man sonst an Utensilien benötigt. Kocher, Kochgeschirr, ein Survialmesser, Wäscheleine, Wasser, Kleidung. Sprich, eine dünne Gore-Tex Regenjacke, eine wärmende Unterjacke, eine Soft-Shell-Jacke (und dies ist das einzige Kleidungsstück, welches wirklich überflüssigerweise dabei war) ein Hoodie, Shirts ein Paar Ersatzhosen und Unterwäsche. Bis auf die zur Seiten gelegten und eingeschweissten Artikel für den Rückflug, war alles, wirklich alles, zur mehrmaligen Verwendung gedacht.
Dann noch einen handelsüblichen Kulturbeutel ohne extravagante Extras, eine Reiseapotheke, ein Dynamo-Radio/Taschenlampe, meinen eBook-Reader, Reiseadapter für Strom, Smartphone und

ein Akku-Pack mit Solarfunktion. Ja, ich glaube dies trifft es in etwa. Ein paar leichte Ersatzschuhe, über welche man sich streiten könnte.

Zur Linken und Rechten befestigte ich Zusatztaschen zur Aufnahme der Nahrung. Aussen über dem Bodenfach meine Zelttasche. Mit dieser Bilderbuchpackung torkelte ich des Weges. Als hätte ich des Gewichts nicht genug auf den Schultern, entdeckte ich am Wegesrand einen Wasserhahn. Stand einfach so aus dem Boden, befestigt an einem alten Pflock. Etwas zurückversetzt einige Hütten, weit und breit kein Mensch. Oder Hund. Was beinahe noch wichtiger war. Noch im Unklaren über das schottische Wetter, hielt ich es für eine gute Idee, meinen Wasserbeutel zu füllen. Wasser kann man nie genug haben. Ein unglaublich praktisches Teil. Lässt sich auf Hosentaschengrösse falten, fasst jedoch drei bis vier Liter. Auch noch an den Rucksack gehängt, mittlerweile musste ich mit viel Schwung arbeiten um die Packung aufzusetzen.

Nach 8 km setzte der Regen ein. Leicht, erfrischend. Fünfzehn Minuten später eine Idee mehr erfrischend, eher ins ersaufende gehend. Unter einem Baum fand ich ein wenig Schutz. Packte meine Regenjacke aus, zog das Regencape über den Rucksack. Jacken aus High-Tech-Core-Tex-Materialien, Schuhe atmungsaktiv und wasserdicht, sogar die Billig-Hüllen aus Fernost für E-Book-Reader sind wetterfest, aber einen wasserdichten Rucksack scheint ein Ding der Unmöglichkeit. Sämtliche Wanderer sind mit diesen dämlichen bunten Capes unterwegs. Passen nur, wenn nichts weiter am Rucksack befestigt ist und zwischen Rücken und Rucksack-Rückteil dringt das Wasser dennoch an die trockenen Socken.
Bei Kilometer zehn war ich ziemlich ausgelaugt. Nur noch 145 Kilometer. Ich war noch nicht soweit, dass ich die Idee bescheuert fand, doch irgendwo hatte sich ein Denkfehler eingeschlichen. Der Rucksack, dank seinen angehängten hübsch durchfeuchteten, nahezu gefluteten Zusatztaschen mittlerweile tonnenschwer, kurz auf einem der raren Picknick-Tischen deponiert um eine Zigarette zu rauchen. Feststellend, dass mein Feuerzeug aufgrund der Flugbestimmungen in Zürich Kloten in einem Abfall-Eimer lag. Wie ich den Kocher entzünden wollte? Mit Feuerstahl, da machte ich mir keine Sorgen. Man schleppt ein Bear Grylls

Messer nicht einfach wegen der Coolness mit. Gut, eigentlich schon. Aber die Feuerschlagfunktion ist schon auch praktisch. Nur Funken schlagen bis eine feuchte Zigarette zu glühen beginnt, war mir dann doch zu dämlich.

Mittlerweile verspürte ich Hunger, hatte jedoch ausser dehydriertem Wildeintopf nichts auf Mann. Die erstanden Kekse am Flughafen hatten keinen Platz mehr im Rucksack und waren ein Geschenk an das Zimmermädchen. Allerdings hätte ich auch keine Lust gehabt den Rucksack aus der Plane zu schälen und im strömenden Regen einen Snack zu suchen.
Aus dem Regen trat eine schwarze Gestalt. Studierte die Wirtshaus-Tafel, welche verkündet, dass man bereits 7 Meilen des West Highland Way geschafft hätte und Zeit für eine Einkehr sei. Höchste Zeit. Ich befürchte, ich hätte meinen Allerwertesten nicht mehr in den Regen gebracht und wäre auf dumme Idee gekommen. Ideen, welche ein Hotel und Flugticket beinhalteten.

Der dunkle Wanderer schien ähnlich zu denken. Er trug seinen Mini-Rucksack mehr schlecht als recht überdacht, nicht, dass ich da Sprüche hätte klopfen müssen, die Regenhose offenbarte ein hübsches Bauarbeiter-Dekolleté, was ihn jedoch nicht weiter zu stören schien. Er stapfte wortlos weiter und verschwand im Regen. Da ich an meinem Picknicktisch auch nur noch nasser wurde und der Erholungseffekt mangels Sitzgelegenheit irgendwie unter ging, heftete ich mich an seine Fersen. So gut es ging, der Kerl war flink wie ein Wiesel.
Die Regenintensität hatte die Wassersäule meiner Hose überschritten, mit abperlen war nichts mehr. Der Regen tropfte von der Regenjacke direkt an meine Unterhosen, floss via Beine in meine Schuhe welche ihrer Gore-Tex-Funktion alle Ehre machten und keinen Tropfen mehr von sich gaben. Die Ärmel waren bald bis zur Armbeuge mit Wasser gefüllt. Schliesslich hatte ich immer noch die Riemen meines Rucksacks zu halten, weil die Packung unsäglich schlecht am Rücken hing. Also wenn ich hier schon was mitgeben darf; Vergisst die Schuhe, läuft euren Rucksack ein!
Ein Spiessrutenlauf durch den Morast, bald watete man knöcheltief im Wasser. Endlich eine Eisenbahnbrücke. Die dunkle Gestalt hatte ebenfalls Schutz gesucht. Und rauchte.

Noch ein wenig bemüht, meinen Rucksack nicht in den grössten

Dreck zu legen, drapierte ich ihn an einem Stützpfeiler, damit er drei Sekunden später adrett den kleinen Abhang in eine Pfütze gleiten konnte. Etwas weniger liebevoll knallte ich ihn wieder an den Pfeiler.
Ein Schwede war der dunkle, erklärte er mir, nachdem wir uns gegenseitig über den Durchnässungsgrad der Kleidung informiert und er mir Feuer gereicht hatte. Man spricht nicht über das Wetter, doch über die Beschaffenheit der Ausrüstung. Er gedachte vorwiegend wild zu campen und ich zeigte mich erstaunt über seinen kleinen Rucksack. Thermomatte, Schlafsack, Zelt, alles hätte er dabei. Ein nigelnagelneues Zelt. Lag mit seinem Rucksack im Regen draussen, während er unter der Brücke im Dreck sass. Ich hielt mich mit der Frage zurück, ob er in einem schwedischen Marines-Corp dient oder Hobby-Fremdenlegionär sei, jedenfalls schien ihn das Wetter und seine komplett durchweichte Ausrüstung nicht im mindesten zu kümmern, während ich ordentlich im Selbstmitleid schwamm. Nach fünf Kilometern wäre da eine Art Zeltplatz, wusste er, da würde er sein Camp aufschlagen. Schlug den Kragen hoch und stapfte von dannen.

Etwa drei Minuten, oder eine Blasenentleerung später rüstete ich ebenfalls zum Aufbruch. Selbstredend, dass ich keinen Tropfen aus dem Wassersack vergeudete, auch wenn das erquickende Nass hektoliterweise vom Himmel fiel. Nach einer Weile sah ich tatsächlich ein Schild zu einem Campingplatz.
Die Route wich vom Pfad der Distel, welche hartnäckig nach links wies, ab, aber ich bin ja kein Schienenfahrzeug, da ist man flexibel.

"Wir danken für 18 Jahre Treue und schliessen unseren Platz per Ende 2014" verkündete ein Kommuniqué hinter einem Fenster. Ich überlegte mir das Zelt trotzdem aufzuschlagen, aber da der Schwede weitergezogen war, hatte ich die Hoffnung, dass irgendwo noch ein Platz wäre. Vielleicht mit einem Shop. Also, wenn ihr nach Gartness vom Kiesweg auf den Asphalt kommt, dort immer noch das Schild mit dem Zelt nach rechts weist, ignoriert es. Marschiert nach links über den Fluss und alles der Strasse nach. Ein dutzend Kurven und entsetzliche 50 Höhenmeter weiter oben entdeckte ich eine Farm, welche Platz für Wildcamper im Hinterhof und einen trockenen Platz in der Scheune feil bot. Die Easter Drumquhassle Farm, falls jemand nachreisen möchte. Für 5 Pfund die Nacht, auf Vertrauensbasis in eine Kaffeedose zu drücken.

Sogar ein Klo war inklusive, was will man mehr? Das mit dem Wäschetrockner ist jedoch ein Gerücht.
Der Scheune entlang gelangte man auf eine kleine Wiese, gedacht die Zelte zu errichten. Zur Rechten waren zwei kleine Holzhäuser, für Personen, des campen müde. Der Schwede war mit seinem Zelt zugange, ich wollte die Regenpause, ja das gibt es, nutzen, es ihm gleich zu tun. Selbstverständlich grüsste Petrus mit einem neuen Wasserschwall, kaum hatte ich das Innenzelt ausgebreitet. Der Aufbau des Salewa Micra ging schon leichter von der Hand. Im strömenden Regen auch ein Spiessrutenlauf zwischen Geschwindigkeit und Genauigkeit. Jeder Tropfen Regen hat man des Nachts im Zelt. Im Schlafsack. Auf der trockenen Wäsche. Leider hat Salewa in dieser Grösse noch kein Outer-Pitch-First Zelt.

Warum nicht eine kleine Zeltkunde.
Outer-Pitch-First bedeutet, dass die Aussenhülle erst aufgestellt und die Schlafkabine danach eingehängt wird. Hat den Vorteil, dass erst einmal Ruhe in die Sache einkehrt, sobald die Hülle steht, weil man den Rest im trockenen absolviert. Das Salewa Micra ist ein Kuppelzelt. Aber kein reines. Also keines dieser bescheuerten Iglu-Zelte wie sie ein Unterhaltungselektronik-Discounter zur Sommerzeit feil bietet. Das Salewa Micra ist ein Kuppelzelt mit den Eigenschaften eines Geodät-Zeltes.
Geodät sind diese cool aussehenden Zelte mit unzähligen Stangen, welche die höchste Sturmfestigkeit bieten. Das Salewa hat die Masse eines Tunnelzeltes, ist von der Aufbauart ein Kuppelzelt, aber da sich die Stangen zwei mal gegenseitig kreuzen, ist es sturmfest, steht zur Not ohne Heringe und ist ruck-zuck aufgestellt.
Natürlich kombiniert es auch die Nachteile, sonst wäre es das ultimative Zelt schlechthin. Die annähernde Tunnelform verhindert ein komplettes durchlüften, und die Kuppelform bietet keine grosse Apsis. Apsis ist der Vorraum eines Zeltes, in etwa für schmutzige Schuhe und so.
Das Salewa Micra ist absolut wasserdicht, bei grösstem Sturm. Der schlechten Belüftung geschuldet, kann es jedoch sein, dass im Inneren des Aussenzeltes Kondenswasser anfällt. Viel Kondenswasser. Dieses läuft über das Aussenzelt zu Boden. Ein normaler Vorgang. Steht man des Morgens auf und packt sogleich das Zelt zusammen, habt ihr jede Menge Wasser im Gepäck. Kann

man nichts machen.
Für jeden Zweck ein Zelt. Auf einer Sommer-Trekking-Tour schleppt niemand ein Geodätes Zelt mit. Das Salewa Micra mit seinen 2,3 Kilogramm ist da ideal.

Der Schwede, ihr verzeiht, dass ich mich nicht nach seinem Namen erkundigte, wies mich auf die Scheune hin, in welcher man seine Ausrüstung trocknen könne.

Zwei deutsche Mädchen hingen ihre durchnässten Kleider auf, als ich um die Ecke bog. Oder kroch. Den Rucksack mitschleifend. Ich wurde mit meinem Hausstand auf dem Rücken nicht ausgelacht, aber in der folgenden heiteren Runde bei Kaffee und Tee begann man zu erörtern, was ich zuviel an Gepäck mitschleppen würde. Obwohl alle umstehenden begierig zu sein schienen, in dieser Wundertüte zu wühlen, wehrte ich mich dagegen, den Rucksack zu kippen. Ich meinte, in den Blicken eine gewisse Gier zu bemerken. Ob diese Metallflasche nicht entsetzlich schwer wäre und ob ich wirklich so viele Karabiner benötige.

Ich bin ein Schweizer, meine Sigg-Flasche bleibt bei mir, behaltet ihr ruhig eure stylischen Kunststoffbehälter. Gelblich eingefärbt, dass man sich nach einem flüchtigen Blick fragt, warum um alles in aller Welt die Leute nicht einfach in den Wald pinkeln. Meine

Wäscheleine sei zu lang, die Summe der Kleinteile macht das Gewicht. Welch Zufall, dass ihre Leine gerade um diese paar Meter zu kurz war, welche ich ihrer Meinung nach zuviel schleppte. Ich half lächelnd gerne aus.

Es war mein erster Kontakt unter Trekking-Leuten, eine angenehme Runde. Ein gewisses Mass an Gspürsch-mi, ohne ins Aufdringliche über zu gehen.
Den ganzen Tag noch nichts gegessen beschloss ich, einen Rindstopf aufzusetzen. Sprich, heisses Wasser in die Tüte zu kippen. Warum ich denn solch eine grosse Gasflasche hätte, erkundigten sich die Damen. Es gab sie nicht kleiner im Mountain Warehouse Store und nur alle Tugenden der Freundlichkeit tretend konnte ich den Verkäufer davon abbringen, mir noch eine Zweite einzupacken. KLM hätte nicht gestattet eine kleine Patrone einzupacken.
Sie hätten keine Probleme gehabt. Mit KLM. Man muss es wohl einfach versuchen.

Hungrig wie ein Löwe gestand ich meinem Rindertopf natürlich nicht die 10 Minuten Ruhezeit und gerührt habe ich wohl auch nicht richtig. Die Hälfte der Köstlichkeit war noch ordentlich dehydriert nicht und die theoretisch geniessbare andere Hälfte irgendwie eklig. Als würde man an einem mit Bohnen bestreuten Salzstein lecken. Nach einigen Löffeln beschloss ich mein Mahl angewidert und bugsierte es in den Müll.
Freundlich boten mir die Damen von ihrer Pasta an. Soeben mit frischen Tomaten zubereitet. Schleppten die doch tatsächlich Tupperware mit frischem Gemüse mit und ihre Packung war kleiner als die meine. Dankend lehnte ich ab. Ich esse nicht gerne von fremden Leuten, zudem war mir ein wenig übel. Wahrscheinlich hydrierte der Eintopf im Magen weiter.

Die Damen zogen noch weiter in den Pub im Ort. Nur knapp 4 Kilometer, hin und zurück. Ich schlug die Einladung freundlich aus, da ich vollends damit beschäftigt war, das Wasser aus meinen Schuhen zu ziehen. Gut habe ich diesen Fall nicht vorausgeahnt, ich hätte wohl noch eine Tageszeitung mitgeschleppt.

Nichts desto trotz, liebe Leser, die ganze Sache gewann schon an Reiz. Erhielt einen gemütlichen Charakter möchte ich sagen. Im

Typ eher menschenscheu fand ich mich unter den Trampern sofort zurecht.
Natürlich kamen die deutschen Gesellschafter meinen miserablen Englischkenntnissen entgegen, doch es brach auch niemand in schallendes Gelächter aus, als ich versuchte das Gespräch auf englisch im Gang zu halten um den Schweden nicht auszuschliessen.
Auch die übrigen Erfahrungen, das Biwakieren im strömenden Regen - ja ja, ein Biwak ist was anderes, aber zelten klingt nach '5 Freunde jagen die Schmuggler' - die nassen Kleider, der unpassende Rucksack, das klischeehafte Aufwärmen an der Kaffeetasse; Alles hatte schon jenen gewissen Abenteuer-Charakter, welchen ich gesucht hatte.
Ich legte mich ins Zelt. Mit der Welt und mir sehr zufrieden. Im nassen klammen Schlafsack. Das Bodenfach war wohl auch nicht wasserdicht.

Drymen
Millarochy Bay

Tag 2

Einkaufsmöglichkeit:
Spar-Markt, 2-4 Stirling Rd, City Centre, Glasgow

Anmerkung:
Der Wanderer betritt nun den Nationalpark. Entlang des Loch Lomond ist das wilde Campen untersagt. Doch findet sich bei Millarochy Bay eine Zeltmöglichkeit, sowie bei der Cashel Farm und vor Rowardennan liegt ebenfalls eine hübsche Campsite. Dann habt ihr den Park auch schon bald hinter euch. Campsite sind nicht zwingend Plätze mit allem Luxus, oft auch nur ein ausgewiesenes Gelände um das Zelt aufzustellen. By the way, trinkt Alkohol aus Flaschen in Tüten, oder haltet 500 Pfund bereit. Der öffentliche Genuss ist im Nationalpark ebenfalls untersagt.

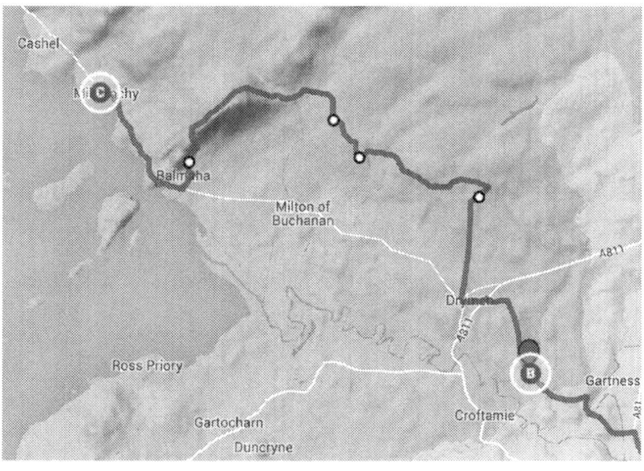

15 km

Es mag um sieben Uhr gewesen sei. Genächtigt wie ein Gott und

voller Tatendrang. Wie auch mein Verdauungstrakt, schwer beschäftigt den Rindertopf abzustossen.
Ich wurde herzlichst eingeladen am Haferflocken-Frühstück mit frischen Äpfeln teilzunehmen. Frische Äpfel, ich glaube die Damen wollten mich mit ihrem Zauberrucksack voller Köstlichkeiten fertig machen.
Nun, ich hatte die Option mir ein Chili-con-carne aufzukochen, mehr hatte ich nicht im Angebot, verzichtete jedoch auf beides und kochte Kaffee. Genoss die neidvollen Blicke auf meine blau emaillierte Metall-Tasse im Western-Style. Gewiss, da gäbe es bestimmt etwas leichteres aus einem hoch entwickelten, giftgrünen oder knallgelben Kunststoff, der bis zur Unsichtbarkeit falt- und klappbar wäre, aber ein wenig Stil darf man auch beibehalten. Howdie.

Dann begann ich auszuschlachten. Die Seitentaschen meines Rucksacks vermachte ich dem netten Farmer. Mein Jahresvorrat an Trekking-Food platzierte ich für hungrige Wanderer. Die Zusatzplane für mein Zelt als Unterbodenschutz wanderte in den Müll, gefolgt von meiner triefnassen Unterhose, welche einfach nicht trocknen wollte. Wasser-Vorräte ausgekippt, wenn man von etwas genug bekommt in Schottland ist es Wasser. Jeden Tag mehrfach, diese Erfahrung habe ich mitgenommen. Das gesamte Packsystem wurde neu organisiert, nach allem theoretischen Wissen, ergänzt durch die Erfahrung der Trekkerinnen. Ja, eben noch gedacht, die Weisheit mit Löffel gefressen zu haben, liess ich mir nur zu gern von den erfahrenen Damen helfen.
Im Elan ausgebremst wurde ich durch das kleine Rinnsal, welches lustig aus meinen Schuhen träufelte. So entschied ich in meinen leichten Schuhen zu gehen, die Stiefel baumelten dank eines Karabiner-Haken, kann man immer brauchen, am Rucksack. Was ich nun nicht brauchen konnte waren Blasen an den Füssen. Der Schwede hatte dreissig Sekunden nach dem Aufstehen sein Zelt zerlegt und nach der vollen Minute war er marschbereit. Nach einem ordentlichen Schluck Rum machte er sich auf den Weg, die Deutschen taten es ihm gleich.

Eine angenehme Erfahrung. Man trifft sich, plaudert, trinkt einen Kaffee, aber muss deswegen nicht zusammen weiter wandern. So herrlich ungezwungen und locker.
Sie hatten mir ihre Namen mitgeteilt, aber da man kein Facebook

zur Hand hatte und nicht gleich eine Freundschaftsanfrage absetzte, sind mir diese auch wieder entfallen.
Ihr könnt euch nicht vorstellen, wie ich die Zeit ohne Smartphone genoss. Kein Gedanke an Akkustand oder Netz verschwenden.

In Drymen gäbe es einen Spar, wurde gemunkelt. Weicht von der Route ab, aber ich brauchte Nahrung. Und Schokolade. Vor allem Schokolade. Kaum beim Spar, schmerzten die Schultern schon wieder wie die Hölle. Irgendwie hatte das keine Zukunft.
Spar-Markt ist etwas übertrieben. Eher ein 13 Quadratmeter Kiosk mit Regalen. Einmal rundherum und man hat alles. Respektive, muss alles haben, denn es gibt nur eine Laufrichtung und an deren Ende steht die Kasse. Ja, hätte ich gewusst, dass ich diese Einkaufsmöglichkeit im den nächsten Tagen als reines Shopping-Paradies einstufen würde. Wer mir also nachreist, würdige diesen Superstore. Im Ort gleich bei der Bushaltestelle, so viele davon gibt es nicht.

Der 'meine Schuhe sind knochentrocken'-Schwede erstand soeben eine Packung Blasenpflaster, etwas Obst und neuen Rum. Ich deckte mich mit Frühstücksriegeln und Brot ein. Eine feine Sache, diese Kellog-Frühstückriegel. Eine Art Marmeladekern von weichen Knusperflocken ummantelt.
Draussen an der Bushaltestelle wurde soeben ein Reisecar mit Rentnern beladen. Mein Rucksack wurde belächelt, ich bemitleidet und jeder gab seinen Kommentar ab. Was man eben so braucht, wenn man schon kurz vor dem Aufgeben ist.
Kann ich nun Montags schon zurück? Welch fadenscheinige Erklärung liefere ich? Was mache ich bis 18:27, ging mir durch den Kopf, als ich schon den Busfahrplan studierte. In nassen Socken. Auf dem Gehsteig. Wieder zurück auf der Parkbank, eine Birne des Schweden futternd seine Bemühungen beim Blasen abkleben beobachtend.

Nein, aufgeben war keine Option. Die Schuhe gewechselt, mit einem saftig matschenden Geräusch in die Stiefel geglitten. Atmungsaktiv, die sollten also nach aussen trocknen, wenn ich das Prinzip verstanden habe. Zudem änderte ich die Tragriemen von M auf S. Ist solch eine Höheneinstellung am Rucksack, welche man in der Vorbereitung gewiss hätte eruieren können. In der Hoffnung, das Ding liegt dann besser.

Für jene, welche es nicht wissen; Einen Rucksack und den Tramper im besonderen trägt man nicht mit der Schulter. Das Gewicht lastet auf dem Hüftriemen. Die Träger sind oben etwas lose und es bildet sich ein Dreieck, so dass der Rucksack auf Höhe der Schultern vom Rücken absteht. Die Träger sind an sich nur da, dass er nicht nach hinten wegkippt. Es lief sich nun bereits ein wenig besser.
Auf dieser Strasse weiter, dann kreuze der West Highland Way irgendwann, wusste der Schwede. Er folge nach.
Ich habe ihn nicht mehr gesehen. Werde den Verdacht nicht los, er hat die Segel gestrichen.

Nach einer Stunde Asphaltstrasse wurde ich unsicher.
Zeit High-Tech zum Einsatz zu bringen.
Garmin GPS. Wasserdicht, detaillierte Karte von Schottland, die Route eingezeichnet und 10 Batterien auf Vorrat. Man kann mir nicht sagen, ich begebe mich unvorbereitet auf fremdes Terrain. Auch wenn ich mich dabei etwas, wie soll ich es ausdrücken, als Betrüger fühlte. Ein GPS-Gerät sagt irgendwie, ich kann nicht Karten lesen und gehe trotzdem in die Wildnis. Aber ich habe das Ding nunmal, es wäre dumm gewesen, des Stolzes wegen darauf zu verzichten und teures Kartenmaterial zu erstehen.

So folgte ich dem asphaltierten Weg noch ein paar Meter und bog dann links in den Garadhban Forest ein. Wieder die Wegweiser mit der Distel vor Augen. Das GPS hatte sich bereits amortisiert, meine Laune kletterte hoch, während ich in meinen Schuhen schwimmend nasse Salewa-Tatzen hinterliess. Der Weg führte durch einen schönen Wald, über eine weniger schöne gerodete Fläche, welche jedoch einen weiten Ausblick gestattet. Weit hinten sah man den Conic Hill, welchen es ansatzweise zu überqueren galt.
Vor mir tauchte eine Reisegruppe mit älteren Herrn auf. Da nicht oft zweibeinige Rucksäcke auf dem Weg sind, zeigten sie sich interessiert und wir kamen ins Gespräch.
Einer reiste ebenfalls Samstags aus der Schweiz an. Er hätte seine Tochter in Baar besucht, zudem besitze er ein Chalet in Wengen. Ganz entzückt war er, als ich Worte wie "Kirschen", in Bezug auf den Kanton Zug, und "Kleine Scheidegg" aussprach und versuchte eifrig nachzueifern. Ich stellte allgemein fest, dass die Schweizer im Ausland nicht so unbeliebt sind, wie es unsere Politiker immer

darstellen wollen. Die Schweizer gelten als korrekt, zuverlässig und die Schweiz sei solch in liebliches, schönes Land.

Achtundsechzig sei er, bis vor kurzem im Ölgeschäft gewesen und wollte nun nur noch das Leben geniessen. Eben auch auf dem West Highland Way. Die grossen Koffer liessen sie transportieren. Die Frau hätte ihm den Tages-Rucksack gepackt. Von jedem Ding drei. Ich erklärte ihm, dass ich mitfühlen könne, obwohl ich nach wie vor keine Ahnung hatte, was ich zuviel mit schleppte. Gut, vielleicht zehn Batterien für das GPS.
Seine beiden Genossen gerieten etwas in Rückstand und so zog ich nach einer freundlichen Verabschiedung alleine weiter.

Alleine unter Tagestouristen. Der Bereich kurz vor Loch Lomond ist als Tageswanderung sehr beliebt.
Es ist normal, dass man sich auf dem West Highland Way häufiger begegnet, beim zweiten mal rief er laut "Grüäzi" und beim dritten mal winkte er fröhlich und stolz wie Oskar mit einem Farmer-Riegel. Seine Tochter müsse ihm häufig welche senden. Ich war schon etwas berührt von der Faszination dieses Schotten für die Schweiz. Im eigenen Land gilt der Prophet nichts und vielleicht müssen wir verwöhnten Alpenländer bisweilen in die Ferne gehen, damit uns Touristen unser Land wieder näher bringen.

Danach schnaufte ich auf den Conic Hill. Ein wenig Mount-Everest-Feeling. Nicht hinsichtlich der Strapazen, doch man muss sich beinahe in eine Schlange stellen. Nur etwa 5 mal hörte ich nach einem Blick auf meine Packung; Muss schwer sein. Mit einem mitleidig/bewundernden Unterton. Ihr hättet den Rucksack mal gestern sehen sollen, liebe Bewunderer.
Den Schlafsack zwängte ich nicht mehr in das Bodenfach, selbiges musste erst austrocknen. Zusammen mit der Isomatte eingerollt, war er in einem wasserdichten Sea to Summit-Beutel auf dem Kopfteil. Die Kompressionstüte für meinen Schlafsack habe ich fachgerecht entsorgt. Die Summe der Kleinteile macht das Gewicht.

Beim Abstieg traf ich wieder die Deutschen, welche auf dem Gipfel des Conic Hill waren. Asche auf mein Haupt, ich habe ihn ausgelassen. Ich könnte nun etwas von zuviel Menschen erzählen, aber ich mochte nicht mit Packung bis oben steigen und den

Rucksack deponieren wollte ich auch nicht.

Balmaha war die nächste Station.
Man sagt, der West Highland Way beginne erst richtig dort, weil hier der Übergang der Lowlands in die Highlands beginnt.
Was mich betrifft, an diesem zweiten Start war ich bereits nudelfertig. Das Prinzip des trockenlaufen funktionierte nicht wie geplant, meine Füsse waren eine aufgeweichte Masse im Salewa-Schuh. Es waren wieder knapp 14 Kilometer Fussmarsch gewesen. Die Damen gedachten noch einmal 13 Kilometer anzuhängen und bis Rowardennan durchzumarschieren. Gegen Norden zogen Wolken auf. Ich bekundete meine Absicht, den nächsten hübschen Campingplatz aufzusuchen und mich mit dem Trocknen der Schuhe auseinander zu setzen.

Balmaha ist eine kleiner hübscher Anlaufort für Tagestouristen am Loch Lomond. Loch ist gälisch und steht für See oder Fjord. Mit einer entsprechenden Informationsstelle, in welcher ein Park-Ranger im Stil von Yogi-Bär sitzt. Die Umgebung bei Loch Lomond ist ein Nationalpark und der einzige Bereich auf dem West Highland Way, in welchem das Wild-Campen untersagt ist.
Zwanzig Minuten gehen, sagte mir Ranger Smith - ich nenne ihn einfach so - dann käme ich an einen Camping Platz. Ich hätte ja auch im Buch nachschlagen können, aber dieses war triefnass und die Seiten zerfleddert.
Zwanzig Minuten. Der Herr hat meinen dynamisch federnden Gang meiner Sportlichkeit zugeschrieben und nicht dem ablegen des Rucksacks, welcher draussen vor der Eingangstür lag. Ein tolles Gefühl, ihn von den Schultern zu nehmen, man erwartet bei jedem Schritt abzuheben.

Es wird mir beinahe etwas peinlich, aber ich will hier nicht schön malen. Knapp drei Kilometer waren zu gehen. Ich hatte über eine Stunde zu schlurfen. Unterwegs unterhielt ich mich mit zwei weiteren deutschen "Trampern". In Nike und Segeltuch-Schuhen. Mit einem Tagesrucksack. Bis gestern hätten sie auch noch eine solche Packung getragen. Hätten dann jedoch entschieden, diese dem Gepäckservice mitzugeben. Sie hätten die erste Etappe nicht ganz geschafft, das reservierte Hostel nicht erreicht und mussten mit einem Hotel vorlieb nehmen. Deren Besitzer auch gleich wusste, was er von solchen Grünschnäbeln zu verlangen hatte.

150 Pfund pro Person im Doppelzimmer ist ein stolzer Preis.

AMS Baggage Transfer nennt sich der Gepäckservice. Die picken dein Gepäck an jedem Standort auf und fahren es an jeden Standort. Also namentlich Bed & Breakfast oder Hotels. Den Weg begehst du mit einem Tagesrucksack.
Nun ja; Es heisst, man hätte den West Highland Way nur absolviert, wenn man sein Gepäck mitgetragen hat. Ich stimme dem zu. 155 Kilometer sind eine durchaus zu bewältigende Distanz. Speziell, wenn man alle 7 bis 12 Kilometer eine Unterkunft findet. Der Reiz liegt doch darin, sich zu organisieren, das Essen mitzunehmen und sein Nachtlager spontan aufzuschlagen. Ein wenig schleppen und leiden gehört dazu. Natürlich geht einem dann auch die ein oder andere Sehenswürdigkeit abseits des Weges flöten, weil man einfach im Kampf mit sich selber ist. Im Endeffekt muss es jeder selber entscheiden. Mich reizte die Herausforderung, zudem entspräche eine Voranmeldung nicht dem spontanen Charakter der Reise.
Die jungen Deutschen zogen weiter, ich zuckelte etwas langsamer hinten nach.

Millarochy Bay, hiess der Camping-Platz. Ein ganz feines Plätzchen. Die Betreiberin war ganz entzückt, als ich meine Bewunderung zum Ausdruck brachte. Direkt am See gelegen. Vor dem ersten Regenguss schaffte ich es mein Zelt aufzubauen. Mit Erdnüssen aus dem Shop regulierte ich den Salzverlust, ein Bier und Schokolade für das Gemüt. Ja, ich war so richtig glücklich, es braucht bisweilen wenig.

Schottland ist sehr Back-Packer-freundlich. Auch hier fand sich eine Hütte mit Trocknungsmöglichkeit. Relativ schnell verlor ich die Sorge um mein Eigentum. Es ist wohl weniger ein Ehrenkodex, dass man sich nicht an des anderen Sachen vergreift, vielmehr behaupte ich, dass es ein eigener Menschenschlag ist, welcher trampen geht. Und dieser Menschenschlag respektiert den Besitz des anderen, so wie man sich auch gegenseitig aushilft. Du stellst den Kaffee, ich biete meine Kekse an.
Wie sich die Ansichten verändern, was man wirklich zum leben braucht, so ändert sich Gärtli-denken.
Also hingen meine immer noch nassen Hosen, ich vermisste meine Stretchhosen schmerzlich an diesem Tag, in dieser Hütte, die

Schuhe standen in einer Ecke und ich hatte keinerlei Bedenken, dass diese am nächsten Tag nicht immer noch genau dort stehen. Es sei denn, jemand hätte sie verschoben, weil er sie mit frischen Zeitungen ausgestopft hätte. Und ich habe wirklich coole Schuhe. Salewa eben.

Millarochy Bay

Tag 3

0 km

Das Gehen funktionierte wieder, bis auf eine grosse Blase unter dem grossen Zeh hatten sich meine Füsse ausgezeichnet regeneriert. Auch die Dusche am Vorabend hatte ihre Wirkung nicht verfehlt. Eine Dusche.
Die Angst vor Fusspilz oder sonst welchen Infektionen hatte ich mit der Hose schon abgestreift. Zehn Minuten unter warmem Wasser konnte der Himmel auf Erde sein. Es wurde wohl eher eine Viertelstunde. Ich bearbeitete den Wasserknopf unablässig.
Ich beschloss, einen Tag Pause einzulegen. Ja, am dritten Tag schon, lacht meinetwegen. Es war einfach notwendig.

Nach einem Frühstück, bestehend aus den Resten des labberigen Toastbrot aus dem Spar und Kaffee. Den Proteinbedarf deckte ich mit Midges, welche in meinem Kaffee schwammen. Dies sind kleine fiese Mücken welche zu hunderten über einem herfallen. Gegen diese ist kein Kraut gewachsen. Weder Anti-Brumm noch herkömmliche Moskitonetze helfen, da sie so richtig klein sind. Der Stich ist nicht schmerzhaft, aber hinterlässt rote Flecken auf der Haut. Ein Jucken, in meinem Fall, stellte ich nicht fest. Es ist wie mit allen Mücken, die einen sind richtig geplagt, andere werden gar nicht gepiekst. Bei mir schien es ein Zwischending zu sein.
Ich beschloss meine T-Shirts zu waschen. Mein Rucksack gab schliesslich ein kleines Fläschchen mit 1,5 Deziliter Waschmittel her. So stand ich am Waschbecken und fütterte hernach den Tumbler.
Einen Tumbler zum Geburtstag, er war zufällig an diesem Tag, nichts hätte ich in diesem Moment mehr brauchen können. Klar, ich musste ihn selbst mit Pfund-Münzen bestücken, aber dies tat der Freude keinen Abbruch. Luxus wird völlig neu definiert.
Drei mal 20 Minuten musste ich das gute Ding rotieren lassen, bis die Shirts und Socken flauschig trocken waren. Immer noch ein wenig riechend, aber dies war mir herzlich egal.

Danach nutzte ich die Zeit, die Tour doch noch zu planen. Aufgeben war immer weniger eine Option, allen Strapazen zum Trotz war es einfach zu schön. So setzte ich mich richtig gewissenhaft mit den vor mir liegenden Kilometern auseinander. Akribisch wurden Übernachtungsplätze eruiert, die Distanz dazu notiert und ausgehend von meiner Geschwindigkeit die benötigte Zeit errechnet. Mit dem Ziel in sechs Tagen in Fort William zu sein, teilte ich die Strecke in Etappen ein. Notierte, wo wie viel Proviant und Wasser zu fassen wäre. Einkaufsmöglichkeiten sind am West Highland Way eher dünn gesät, man muss schon einmal auf den Wasserhahn eines Hotels ausweichen oder in einer Jugendherberge Essen beschaffen.

Kurzum, was der erfahrene Wanderer zuhause erledigt, nahm ich am dritten Tag in Angriff.
Zur Feier des Tages gönnte ich mir noch einen der zwei verbliebenen Trekking-Food-Beutel. War ja Geburtstag. Nicht einmal so schlecht, wenn man ihn richtig umrührt und genügend Zeit zur Entfaltung gibt.
Danach widmete ich mich einmal mehr meinem Rucksack, es war ein richtig arbeitsamer Tag. Ich besitze diese Packung-in-Packung Organisationsbeutel. Eine gute Sache, beugt der totalen Anarchie im Rucksack vor. Raus damit. Auch wenn jeder nur wenige Gramm wiegen mag. Je draller ich den Rucksack zu stopfen vermochte, desto weniger ausladend ist er, die Gewichtsverteilung optimiert. Zudem packte ich Wäsche zum schnellen wechseln in Tiefkühlbeutel um sie vor jeglichem Wasserkontakt zu schützen, organisierte sie portionsweise im Rücksack. Sonnencreme und Shampoo wurden ebenfalls entsorgt. Sonne schien ein seltenes Gut und ein Duschmittel zur Haarpflege musste reichen. Man braucht eben doch einen Moment, bis man sich von der Zivilisation gelöst hat.

Wer sagt, dass das Zelt mit den Stangen verpackt sein muss? Nur das Versandhaus und Auto-Camper. Auch die Zelttasche wurde zerpflückt, langsam machte der Rucksack was her.
Der Schlafsack war nun nach wie vor auf dem Deckel des Rucksacks, das Zelt hinten aufgeschnallt, die Zeltstangen und Heringe an den Seiten und gut war. Wasser schleppte ich nur noch maximal 1,5 Liter mit. Sollte ich mehr brauchen, hätte ich eben kreativ zu sein. Wo bliebe den der Charakter des Abenteuers?
Von neuem Enthusiasmus beflügelt, verbrachte ich den Rest des Tages damit auf dem Landungssteg am Loch Lomond zu sitzen und einfach auf das Wasser zu blicken. Mit sich und der Welt im Reinen, kann man unendlich lange sitzen, den Wellen und Enten zuschauen und einfach glücklich sein. Es zeugt vom Überfluss, in welchem wir leben, wenn man Glück erfährt, so man Fernsehen, Telefon, Soziales Netzwerk und was noch alles einfach hinter einem lässt.

Natürlich, ich hatte meinen E-Book-Reader dabei. Aber gegen das Lesen ist nichts einzuwenden und bequemer transportiert man keine 20 Bücher. So nebenbei habe ich ganze zwei Bücher gelesen, darunter Es und dies in einer Woche zu lesen ist schon auf dem Sofa zuhause eine Leistung.

Millarochy Bay
Inversnaid Bunkhouse

Tag 4

Adressen:
Rowardennan Youth Hostel, Drymen
Inversnaid Bunkhouse, Inversnaid

22.5 km

Optimistische 22 Kilometer waren das Ziel. Gemäss meinem Reiseführer sollte da eine Schutzhütte stehen. Ein grosser Raum mit Feuerstelle in der Mitte und Bettstellen am Rand. Klang abenteuerlich, gemütlich.
Die schottischen Nächte sind nicht eiskalt, aber unter 10 Grad im dünnen Sommerschlafsack bemerkt man schon. Zudem stellte ich fest, die Nächte sind nicht richtig dunkel. Zumindest benötigte ich nie eine Taschenlampe. Wann immer ich mitten in der Nacht erwachte, konnte ich mühelos das gesamte Zelt überblicken. Dies macht das Einschlafen etwas schwierig, insbesondere, wenn der Wanderer um acht Uhr schon in den Schlafsack kriecht. Es ist einfach am wärmsten da.

Dafür war ich auch zwischen sechs und sieben wieder auf den Beinen.
Respektive, ich wachte auf und schob meine kalten Kleider in den Schlafsack um sie vorzuwärmen. Auf Schmutz, Zecken und ähnliches pfeift man schnell. Wenn es sein soll, soll es eben sein, ich will eine warme Hose

Meine Hose, natürlich auch von Salewa, war ein absoluter Glücksgriff. Dies soll keine Werbebroschüre sein, aber wenn man mit einem Ausrüster zufrieden ist, darf man ihn auch erwähnen. Gut möglich, dass andere ebenbürtig sind. Die Hose aus Stretchmaterial, perfekt zum wandern. Zu Beginn noch etwas eng sitzend und nicht mehr viel der Fantasie überlassend, sass sie am dritten Tag schon lockerer. Auch der Bauchgurt des Rucksacks war nicht mehr enger zu ziehen. Der Kalorienbedarf schien doch ordentlich zu sein.

Kurz nachdem ich im Rahmen einer weiteren Bemühung der Packungerleichterung mein Anti-Brumm entsorgt hatte, machte ich so richtig heftig Bekanntschaft mit den Midges. Des Morgens fressen sie einem förmlich auf. Es ist wie erwähnt kein Kraut dagegen gewachsen, daher trauerte ich den 200 Gramm Anti-Brumm auch nicht grossartig nach. Nur der Wind macht den Mücken den Garaus. Man muss einfach mit ihnen leben.

Das Zelt packte ich einmal mehr liebevoll ein. Ich bin stets bemüht, die Ausrüstung sorgsam zu behandeln. Es ist keine Schande eine Beziehung zu den Artikeln herzustellen, so abartig das klingen mag. Eine umsorgte Ausrüstung lässt einem nicht im Stich. Trockene Schuhe und wieder die gewohnte Wanderhose trugen zu einem ausserordentlichen Wohlbefinden bei. Um diesen Zustand weiterhin zu geniessen, wanderte ich fortan in Schneegamaschen. Warum man diese im Sommer nach Schottland mitschleppt, fragt sich der geneigte Leser. Man will auf alles vorbereitet sein, so auch auf den Schnee bedeckten Ben Nevis. Zudem sehen sie einfach cool aus.

Ein schöner Weg führt einem am See entlang nach dem zehn Kilometer entfernten Rowardennan. Ein Hotel, eine öffentliche Toilette und der Zustieg zum Ben Lomond. Ben ist gälisch für Berg, so ziemlich jeder Hügel trägt die Bezeichnung Ben. Die Berge wachsen in Schottland nicht richtig hoch, 1344 Meter, Ben Nevis, ist das höchste der Gefühle.
Trotzdem verzichtete ich. Mit der grossen Packung reicht meine Kondition einfach nicht aus, man muss seine Grenzen kennen. Ausser einer etwas ausserhalb gelegenen Jugendherberge hat der Ort nicht mehr zu bieten. Also, das Hotel sah schön aus, versteht mich nicht falsch. Aber man darf nicht eine wirkliche Einkaufsmöglichkeit erwarten.

So zog ich weiter in die Jugendherberge, welche über einen Shop verfügen sollte. Dem Plan, die Nacht in der Schutzhütte zu verbringen Rechnung tragend, war Proviant für zwei Tage zu erstehen.
Das Rowardennan Youth Hostel ist ein unglaublich schmuckes Gebäude. Nahezu ein Schlösschen. Mit dem Shop war es jedoch nicht weit her. Eher ein Skilager-Kiosk. Schokoriegel und Süssgetränk-lastig. Wie es mit Brot aussähe, schon beim Camping-Shop war da nichts verfügbar und es gelüstete mich doch sehr. Sie hätten nur Sandwich. Knuspriges Baguette vor Augen, dick gefüllt mit Schinken und Käse, warum nicht.
Ein Griff der Dame in Kühlschrank brachte mich auf den Boden der Realität zurück. Diese Dreiecke im Blister-Pack wie sie in jedem schlecht sortierten Selecta-Automat zu erstehen sind. Viel ekliger kann man sich nicht verpflegen. Labbrig, das Wasser läuft von der Plastikverpackung, sehen aus als wären sie dreissig Jahre haltbar und so schmecken sie auch.
Pappe mit einer Idee Schinkenaroma.
Aber nachdem ich mich schon einmal danach erkundigt hatte,

konnte ich die nette Dame kaum bitten es zurück zu legen. Obwohl sie so nett gar nicht war und die Konversation durch 14 Bohrlöcher in einer Panzerscheibe geführt wurde. So überhaupt nicht diesen familiären Jugendherbergen-Touch. Muss allerdings gestehen, ich kenne Jugendherbergen nur von aussen. Ich stelle es mir einfach vor, dieses "wir halten uns schweigend 5 Minuten, drücken uns jedoch ganz fest, was mehr sagt als tausend Worte". Vielleicht auch besser, da ich mir nicht sicher bin, dass sie meinem Drücken auch entnommen hätte, dass ich noch drei Twix-Riegel benötige.

Rowardennan Lodge Youth Hostel, ein ganz entzückendes Gebäude an einem lauschigen Plätzchen, für die Öffnungszeiten des Shops möchte ich nicht die Hand ins Feuer legen.

Nachdem ich meinen Vorrat noch um drei vergoldete Fläschchen stilles Wasser ergänzt hatte, stach mir vor der Tür der Gratis-Wasserhahn ins Auge. Nun gut, so läuft es eben manchmal.
Ich setzte meine Tour fort. Irgendwo sollte ein Abzweigung zu besagter Schutzhütte sein. Erst über Forststrassen. Ganz schön öde, vor allem wenn einem Pick-Ups und eine Schulklasse auf Mountain Bikes überholen. Vor Freude kreischend rasten sie durch die wohlgefüllten Pfützen, verständlich dass es noch lustiger war, wenn nebenan ein Wanderer zur Seite springt.

Als die Langeweile und der Hunger überhand nahmen, beschloss ich die Wellpappe aus dem Blister zu verspeisen. Mein Körper wollte das Ding regelrecht abstossen, der Magen rebellierte. Die zweite Hälfte deponierte ich für die Eichhörnchen im tiefen Wald. Wird heute noch da liegen, aussehen, als hätte ich das lecker Schinken-Kässe-Gurken-Sandwich direkt der Packung entnommen. Der SAC möge es mir nachsehen.
Da zwei Camper die vier Personen-Bank benötigten um neben sich ihre Rucksäcke zu deponieren und keine Anstalten machten diese zu räumen, brach ich auch bald wieder auf. Leichter Regen setzte ein als ich wieder unter dichterem Blätterdach ging und ich hoffte, die asozialen Wanderer würden so richtig verschifft werden.

Die ausgebaute Landstrasse wandelte sich wieder in einen richtig abenteuerlichen Weg. Über Wurzelstöcke, Felsbrocken und um kleine Sümpfe herum und ehe ich mich versah, trat ich auf eine

Lichtung und stand vor einem hübschen viktorianischen Hotel. Das Inversnaid-Hotel, ein Kleinod mitten im Wald.

Schutzhütte fürn A... llerwertesten, mit Blick zum Boden muss ich wohl an der Abzweigung vorbei geschlendert sein. Aber wer will sich beklagen, wenn man versehentlich ein grösseres Wegstück zurücklegt? Irritierend war, dass mehrere Wanderer mich überholt haben müssen, ohne dass ich diese bemerkt hätte. Wie auch die rastende Dame, welche bei Millarochy Bay eben ihr Zelt zusammenlegte, als ich los wanderte. Nun gut, keine Gedanken mehr daran verschwenden, immerhin war ich ja am Ziel. Ich erkundigte mich nach einem Campingplatz in der Nähe. Sie wisse nur von einem Bunkhouse, welches irgendwo stehen müsse. Sie würde eben noch schnell zehn Kilometer weiter wandern. Klar, wieso auch nicht, war ja erst vier Uhr abends. Bisweilen fühlte ich mich richtig verweichlicht.
Sie sei schon zum dritten Mal auf dem West Highland Way, so quasi ein Heimspiel.

Nun, ein Bunkhouse wäre auch toll, meine Antwort, nicht im mindesten wissend, was ein Bunkhouse sei. Sie würde auf meine Packung aufpassen, ich könne mich im Hotel erkundigen gehen. Der Vorteil an meinem Rucksack war, dass gewiss keiner, der seine fünf Sinne beieinander hat auf die Idee kommen würde, dieses Ding anheben zu wollen. Da muss man nicht nur würdig, sondern auch übermenschlich stark sein.
Die Eleganz des Hotels endete auch hinter der Fassade nicht. Für Wanderer bestünde ein separater Eingang, las ich nachträglich im Reiseführer. Dieser wäre wohl kaum mit noch flauschigeren Teppichen ausgelegt gewesen, als jene Perser, durch die ich mit meinen Stiefel und den sumpfigen Gamaschen schlurfte.

Schmutzig wie ein Schwein, lautlos wie eine Katze. Nur die um mich wabernde Schweissfahne hätte mich verraten.
Höflich die feuchte Schirmmütze abnehmend trat ich an die Rezeption und erkundigte mich nach einem Campingplatz. Fühlte mich ein wenig, als würde ich in einem Porsche-Autohaus nach einem Busbillett fragen.
Beim Bunkhouse könne man Zelte aufstellen wusste die Dame. Eine wahre Wundertüte dieses Bunkhouse und ich hatte nach wie vor keine Ahnung, was dies sein soll. Der Gedanke an einen

Atombunker liess mich nicht los. Getraute mich jedoch nicht zu fragen, die Sache schien so selbstverständlich zu sein. Man kennt doch ein Bunkhouse.
Die nette Dame, und diese war wirklich nett, führte ein längeres Telefonat, unschlüssig ob sie den Sicherheitsdienst oder die Reinemachfrau mit dem Teppichschaum kommen lasse.
Nur eben knapp eine Meile die Strasse hoch, bei der Kirche würde ich das Bunkhouse sehen. Kirche, kenn ich. Hat einen Turm. Kaum zu verfehlen. Da wäre ein Platz reserviert. Ich liebe die gastfreundlichen Schotten.

Auf Zehenspitzen tapste ich über die Teppichware durch das güldene Portal in den Nieselregen hinaus. Die Tramperin hatte trotz Regen wacker die Stellung gehalten und meinen Hinkelstein bewacht.
Eine Meile. Als Kind des metrischen Systems tut man sich etwas schwer. Von einem Kilometer hat man eine gewisse Vorstellung, 1,6 Kilometer sind ein irrwitziges Mass. Eine Meile die Strasse hoch ist noch viel länger.

Tatsächlich, ein Kirchturm. Ein Türmchen, ganz klein. Vor der Kirche ein Friedhof und unterhalb eine Campingwiese. Für vier normale Zelte oder 28 Salewa Micra.
Chip, oder so, sprang auf mich zu, schüttelte kräftig die Hand und hiess mich herzlich willkommen. Also Chip war ein junger, netter Mann mit langen Haaren, kein Vierbeiner.
Also ein Bunkhouse ist eine Schlafbaracke, in diesem Fall, eine zum Hostel umgebaute Kirche mit Camping-Wiese.
Früher nächtigen Cowboys in Bunkhouses, welche im Ursprung umgenutzte Scheunen mit einem Minimum an Komfort waren. In Amerika hat sich bis auf eine Heizung und Indoor-Toilette nicht viel geändert, in Grossbritannien sind es eine Art Hostel mit etwas mehr Privatsphäre.

Im Dach des Kirchenschiffs befand sich ein Bistro, im Kirchenschiff selber einige Zimmer und sanitäre Anlagen.
Geld braucht man keines, wird alles auf den Deckel geschrieben. Nur mein Vorname und die Hoffnung, dass ich nicht mitten in der Nacht mein Zelt abbreche. Sofort wurde ein Guinness auf den Deckel notiert, die Tinte war noch feucht, als schon ein zweites hinzu kam und ich der ungekrönte Guinness-Stürzer war.

Ein zweifelhafter Ruhm, da ich den Eindruck hatte, dass ich meiner Liebe zu Guinness etwas zu enthusiastisch Ausdruck verlieh und damit die schottische Braukunst überging. Die Freude über den unerwartet getroffenen Freund liess mich die guten Manieren vergessen.

Das zweite Guinness genoss ich ergänzt mit einer Packung Erdnüsse, einem Twix und meinem E-Book-Reader. In der gleissenden Sonne mit Blick auf eine Hügelkette.
Traumhaft. Gerade als ich dachte, dass die Twix mein Abendessen wären, erkundigte sich Chip, wann ich das Dinner zu mir nehmen möchte. Welch nette Überraschung.
Um die Zeit totzuschlagen, tauschte ich mich mit einem angereisten Schotten aus. Respektive, erkundigte mich, wie eine Mammut-Hose den Weg nach Inversnaid fand. Er wäre des öfteren im Wallis auf Skitouren. Wieder freute ich mich über die Beliebtheit der Schweiz.

Im Gespräch lernte ich, dass das permanent ändernde Wetter völlig normal sei. Regnen würde es jeden Tag mindestens einmal. Für 20 Minuten, zwei Stunden oder auch acht Stunden. Dies vielleicht zwei, drei Mal oder auch öfters. Ebenso kann von einer Minute zur anderen die Sonne erscheinen, aber die Schotten würden sich eigentlich nicht so mit dem Wetter abgeben. Das komme einfach, da könne man nicht seinen Tagesablauf danach richten.
Erklärt, warum auf dem Campingplatz in einer Seelenruhe im strömenden Regen die Hecke geschnitten wurde.
Die Einstellung fand ich ganz hübsch, konnte aber doch nicht aus meiner europäischen Haut. Nervte mich immer noch, wenn der Rucksack regenbedingt eine Tonne wog und ich gleich darauf in der Sonne begann zu schwitzen um zehn Minuten später wie ein begossener Pudel am Wegesrand zu stehen.

Sechs Uhr Abendessen.
Ich beschloss vorgängig zu duschen und mir einmal ein frisches Shirt überzustreifen. Natürlich erst, nachdem ich halbnackt mein Zelt aufgeschlagen hatte. Weiss wie ein Fischbauch fällt man in Schottland nicht zwingend auf.
Davon ausgehend, dass ich keine Duschen erwartet hatte, will ich mich nicht beklagen. Ansonsten eher bescheidener Standard.

Entkleiden musste man sich im Toiletten-Vorraum, stets bedacht, dass einem niemand die Tür ins Kreuz hämmerte und man kopfüber in einem Pinkelbecken eintauchte. Die Kleider deponierte man irgendwo in der Höhe, um eine Strassendreck-Urin-Kontamination zu vermeiden.
Ich wählte die Fensterbank, nachdem ich drei Millionen verendete Midges beiseite gewischt hatte. Die Dusche hatte an einem grossen, verkalkten Kunstoffgehäuse drei Regler, sowie einen Start/Stopp-Knopf, was mich etwas überforderte. Zumal sämtliche Duschoptionen mit einem Regler bestimmt wurden, von Wassermenge, über Wassertemperatur, sowie das Starten und Stoppen des gesamten Vorgangs. Wohl hatte es einen Temperaturregler, welcher jedoch keine weiteren Funktionen aufwies.

Der Wasserdruck und die Wassermenge erinnerte an einen Zimmerbrunnen, man musste das Nass auf dem Körper irgendwie bündeln und sich viel bewegen. Energiebewusst stoppte ich den Wasserfluss zum shampoonieren des Haupthaars um hernach mit fest zugekniffenen Augen in der einst flüchtig gereinigten Dusche den Schalter suchend in jede Ritze und Spalte grabschend. Endlich kriegte ich einen Regler zu fassen, drehte ihn mit Schmackes und nach einem berstenden Klack war er plötzlich sehr bewegungsfreudig.
Vor, zurück, hoch, runter und er liess sich gar abnehmen. Am Schlauchende, die eigentliche Funktion einer Brause musste man sich denken, tat sich nicht viel. Darauf bauend, dass mittlerweile auch Nivea-Duschmittel/Shampoo mit der 'Keine-Tränen-mehr-Formel' arbeitete öffnete ich tapfer die Augen. Der unnütze Kalt/Warm-Regler war meinen Bemühungen zum Opfer gefallen, erkannte ich unter heftigem Blinzeln und Augenreiben. Vorsichtig setzte ich ihn wieder auf, soll der nächste Gast ein schlechtes Gewissen haben, und öffnete einen anderen Regler. Kühles Nass träufelte mir aufs Haupt.

Ich weiss nicht wie ihr duscht, ich halte gerne ordentlich Abstand und halte nur einen Finger unter das Wasser, bis die Temperatur perfekt eingestellt ist. Nun lässt sich dies in einer Duschwanne mit 50 Quadratzentimeter und einem fleckigen Vorhang, welchen man partout nicht berühren möchte, sehr schlecht arrangieren.
Also stand ich unter dem eiskalten Strahl, welcher gar nicht mehr

so traurig dahinplätscherte und sich in der Temperatur in keiner Weise mehr regulieren liess und begann schnappatmend mit rasend schnellen Bewegungen mich und mein Haupt zu entseifen. Ich überlebte es.

Falls das Bunkhouse in Inversnaid dieser Broschüre liest, meldet Euch doch bitte. Gerne werde ich Gönner einer neuen Duscharmatur.

Nachtessen.
Nicht irgend ein aufgetoastets Bistro-Sandwich oder eine Nachos-Tüte mit lauwarmem Dipp. Die Tagessuppe wäre Tomaten mit Basilikum. Sehr lecker. Daraufhin ein Burger mit Kartoffelschnitzen und Salat. War meine Wahl, das gute Bistro verfügte über eine reichhaltige Karte. Ergänzt mit einem schottischen Bier, dessen Name mir partout nicht mehr einfallen will. Eine Empfehlung des Gastwirtes. Schmeckte wie Kilkenny, was ich so auch entgegnete, als sich der beflissene Herr erkundigte, wie mir seine Wahl schmeckte. Schon wieder ins Fettnäpfchen. Sollten mich meine Füsse nochmals in die Highlands tragen, werde ich mir einen solchen schottischen Rausch ansaufen, dass ihr einen Kühlschrank nach mir benennt, versprochen.

Ob ich ein Dessert wünsche.
Ein Come-On war die Reaktion auf mein, ich sei pappsatt. Da meine sprachlichen Kenntnisse nicht ausreichten, weitgehend Auskunft über den Füllstand meines Magens zu erteilen und ich ausserdem besorgt war, ihn mit dem Biervergleich gekränkt zu haben - Kilkenny ist ja irgendwie ein Guinness-light und er kredenzte mir ein maskulines schottisches Bier - liess ich mich überreden.
Zu meinem Glück. Eine Art Apfelkuchen in der Tasse, warm, mit Vanille-Glace und Rahm bedeckt. Liebe Freunde und Nachbarn, ich hätte hinein tauchen mögen.

Wenn ich denke, dass ich 9 Stunden vorher ein ekliges Sandwich und einige Twix-Riegel als Tagesration erstanden hatte, bin ich geradezu im Himmel gelandet. Zu meiner Schande gestehe ich, dass ich das Mahl nicht mit einem Scotch beschloss. Ich vertrage keinen Whiskey über Bier und das letzte was ich brauchen konnte, noch vor den Blasen, war ein Kater.

Also, das mit der Dusche streicht wieder, lieber Wanderfreund, und räumt dem Bunkhouse einen festen Platz auf eurer Reise ein!

Inversnaid Bunkhouse
Auchtertyre Farm

Tag 5

Adressen:
Strathfillan Wigwams, Tyndrum, Crianlarich
Beinglas Farm Campsite, Inverarnan, Loch Lomond

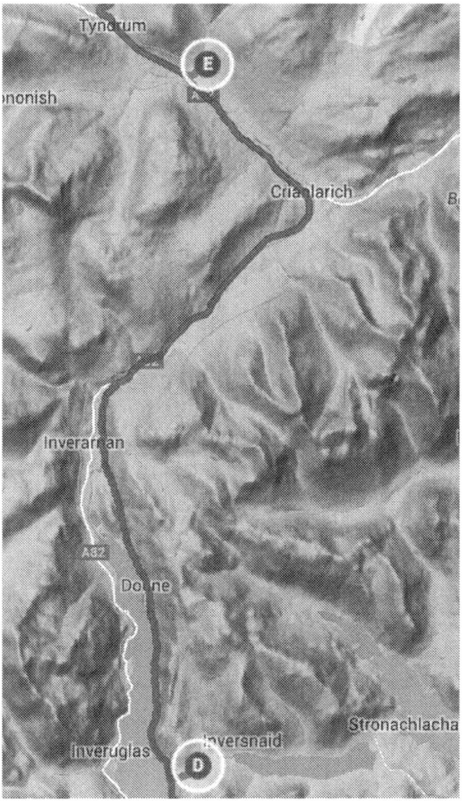

25.9 km

Im Bistro wurde Frühstück serviert. Englisch. Sprich mit allem, was unsereins zu einem herzhaften Mittagessen vertilgen würde. Welches bis zum Abend anhält.
Ich hielt mich an zwei grosse Tassen Kaffee, auch um den Magen nicht unnötig zu füllen. Man weiss nie, wo man wieder eine Toilette findet. Ich bin einfach nicht auf die Erleichterung über dem Donnerbalken erpicht. Klar, wenn man muss, muss man, aber trotzdem.

Ich gedachte über Inverarnan zu spazieren, Crianlarich zu passieren und auf der Auchtertyre Farm Unterschlupf zu suchen. Namentlich, weil es da einen Shop gab. Also genau gesagt, bei den Strathfillan Wigwams.
Gemäss Reiseführer der schwierigste Teil des West Highland Way, doch selbstverständlich nahm ich dies nicht so ernst. Aufgrund meiner Schweizer Wurzeln denke ich stets, ihr habt keine Berge, was versteht ihr von gefährlich, schwierig oder anstrengend? Zudem, dem Reiseführer vertrauend, hat es diverse 'schwierigste Teile' wer behält hier die Übersicht.

Voll beladen, durchströmt von einem Gefühl der Dankbarkeit, diese tolle Unterkunft gefunden zu haben, spazierte ich die Meile zurück an das Ufer des Loch Lomond. Der See ist schon ganz nett, aber - irgendwie - langsam hatte ich ihn gesehen. Wie man so hübsch sagt. Er hing mir zum Hals raus. Vierzig Kilometer geht man stets am rechten Ufer des Sees, mal hoch, mal runter aber im Prinzip stets dasselbe. Nicht ganz die Highlands, wie man sie aus Film und Fernsehen kennt.

Der Weg führte etwas durch Morast und Sumpf und der Schweizer mit seinen merkwürdigen Schneegamaschen kam trockenen Fusses über die Ebene, ohne dabei wie ein Storch zwischen Reiszwecken auf heissem Boden zu gehen.
Nach 6 Kilometer fand ich tatsächlich die ursprünglich angepeilte Schutzhütte. Gleich noch ein Stück dankbarer, die Orientierung verloren zu haben und im Bunkhouse gelandet zu sein. Es war nicht die romantische Schutzhütte, wie sie der Reiseführer propagierte. Mehr eine Ansammlung von Hütten. Eine davon mit Stacheldraht quasi eingewickelt, ein Hunde-Warnschild und die Hinweise auf Überwachungskameras. Obwohl das Haus sehr baufällig wirkte, musste ein auf Privatsphäre bedachter Mensch

hier leben.

Die Tür der Schutzhütte war nicht verriegelt, aber doch geschlossen. Irgendwie wurde ich den Gedanken nicht los, dass mich am anderen Ende eine Muskete oder rostige Sense erwartete. Ich schlich daran vorbei und dankte im Geiste noch einmal für meine tolle Unterkunft.

Im Geiste danken. Oder dem heiligen Geist. Während ich den Weg abwärts zum Flussufer unter die Füsse nehme, können wir durchaus einen Moment besinnlich werden.
Es ist so, wenn man stundenlang alleine unterwegs ist, nur die Geräusche der Natur und die eigenen Fusstritte wahr nimmt, drehen sich die Gedanken um Gott und die Welt. Es war wohl etwa am dritten Tag, als ich begann Selbstgespräche zu führen und unbewusst stets das Wort 'Wir' benutzte. Nun schiebt den Gedanken an Smeagol / Gollum wieder beiseite, es ist ganz anders.
Wohl ist weit und breit kein Mensch zu sehen, dennoch hat man das Gefühl, nicht alleine unterwegs zu sein. Ich bedankte mich, wenn ich am Wegesrand einen Schokoriegel ass, einfach weil ich es nicht als selbstverständlich empfand, diesen Schokoriegel zu besitzen. Ich bedankte mich, wenn ich stolperte oder in Wurzeln hängen blieb, dass ich keinen Schaden genommen hatte. Ich bedankte mich, wenn ich kurz nach dem Einsetzen des Regen ein schützendes Blätterdach fand, um den Rucksack einzupacken. Natürlich musste ich auch oft schimpfen, in etwa, wenn man dachte, hinter einer Anhöhe sei das Ziel und einem nur eine weitere noch etwas höhere Hügelkuppe erwartete und sich dies ständig wiederholte.
Dennoch hatte ich das Gefühl, speziell behütet dahin zu schreiten. Man erfährt eine gewisse Demut, wird dankbar für die kleinen Dinge im Leben. Dass die Socken überraschend schnell trocken waren, dass im Bach ein paar Steine lagen und man trockenen Fusses hinüberschreiten konnte, oder dass die Sonne eine Hügelkuppe in wunderschönes Licht tauchte und man genau in diesem Moment seinen Blick auf diesen Punkt richtete und von neuer Energie durchströmt wurde.
Man erfährt, wie sinnlos überladen und dekadent das Leben ist, welches man führt und wie wenig man braucht um wirklich glücklich zu sein.

Klar, im Shop keine Preisschilder lesen zu müssen und einfach die Kreditkarte auf den Tisch zu legen ist auch Luxus, welchen ich schätze. Aber ihr versteht was ich meine.
Ich will nicht behaupten, die religiöse Erfüllung entdeckt zu haben oder, dass der heilige Geist in mich fuhr. Aber ist es nicht schön, dass dieser Flecken Erde existiert, dass ich eine einträgliche Arbeit habe, welche es mir gestattet, diesen Flecken zu besuchen. Dass ich über eine gesunde Konstitution verfüge, welche es mir gestattet über diese Erde zu wandeln, wohin die Füsse mich tragen? Und ist es nicht schön, wenn man vor Dankbarkeit beinahe platzt und diese Aussprechen kann? Dass man einst gelernt hat, dass da jemand ist, welcher einem zu jeder Zeit an jedem Ort und in jeder Lage zuhört?
Also ich freute mich darüber und sprach auch meinen Dank aus. Amen.

Zwei Meilen zur Beinglas-Farm stand auf dem Schild, nach welchem kurz darauf eine Treppe gegen Himmel führte. Also eine Steintreppe. Und auch nur auf 105 Meter.
Zwei Meilen fürn Allerwertesten. Also ein Moment, in welchem ich jeden Stein verfluchte. Ihr stellt richtig fest, eine Achterbahn der Gefühle.
In diesem Moment begannen wieder die Schultern zu schmerzen, ich schien nicht vom Fleck zu kommen und aus zwei Meilen wurden gefühlte 10 Kilometer.
Auf dem Hügel stehend, sieht man eine Ansammlung Hütten links, rechts und weit in der Ferne. Zwei Meilen, dies ist nicht einmal von Löhningen nach Neunkirch, das laufe ich in 15 Minuten, wie weit kann dies sein

Dies sind die Gedanken, welche bei Erschöpfung und Schmerzen überhand nehmen. Dies sind leider die Momente, in welchen ich die Landschaft nicht mehr aufnehmen kann und nur noch die Fussspitzen sehe. Man überlegt, was ist noch zuviel im Rucksack, was ist heute anders als gestern, warum ist es solch eine Qual? Zupft an den Riemen, der Rucksack liegt unbequemer denn je, man will ihn jedoch nicht absetzen, sind ja nur zwei Meilen, so lange kann es nicht dauern.

Eine kleine Holzbrücke und ich stand auf der Farm.
Ein Campingplatz, mit Holzhütten, Pub und Shop.

Die Beinglas Farm ist nicht einfach ein Hof mit Produkteverkauf am Strassenrand, sondern ein ausgewachsener Campingplatz mit allem was dazu gehört. Der Begriff "Farm" ist hier sowieso sehr frei interpretiert. Zumindest nicht einfach ein Bauernhof.

Ich platzierte meinen Rucksack in der Gartenwirtschaft und spazierte in den Shop ums Eck.
In der Schweiz undenkbar, man sieht die Bedienung schon in den Start-Löchern 'Hier bestellen, hier essen oder weiter gehen'. Ich wurde nie eines Platzes verwiesen. Natürlich, der Tourismus lebt ein wenig von den Highlands-Walkers, man hat eine gewisse Narrenfreiheit. In Gänsefüsschen. Ich denke, nur Leute mit Respekt vor Land, Leute und Natur verbringen ihren Urlaub auf diese Weise.
Die Schokovorräte wieder aufgefüllt, um eine Packung Toastbrot und eine Dr. Pepper-Cola reicher kehrte ich zurück und nahm mein zuckerlastiges Mahl ein. Meine Ernährung war zweckgebunden, ich ass dies, was ich eben erhielt. Nährwerttabellen und Ausgewogenheit interessierten mich sowenig wie die politische Situation in der Schweiz. Und man kann durchaus von Schokolade leben. Sehr gut und genussvoll.

Mit federndem Schritt traf der Schotte vom Vorabend ein. So, als wäre einfach vom Gartenstuhl unterwegs zur Bartheke. Bisweilen fühlte ich mich ordentlich verweichlicht. Schon wieder. Trug einen kleinen Rucksack, hatte nach eigenen Angaben jedoch alles dabei. Zelt, Schlafsack, Matte.
Meine Gedanken drehten sich schon sehr oft um das Gepäck der anderen Leute. Auch erkundigte ich mich stets, was sie geladen haben und nicht minder neugierig studierten sie meine Packung. Wohl mit ähnlichen Fragen.

Er nuckelte ein Bier, ass eine Tüte Chips und studierte die Karte. Er würde nun noch irgendwo auf einen Hügel steigen und dort sein Zelt aufbauen, wo ich hinwolle? Nach Crianlarich, ich beschloss meine Etappe zu kürzen. Na, dies wäre ja nur noch ein wenig geradeaus.

Hatte er schon recht, eigentlich nur nochmals zehn Kilometer.
Ich verabschiedete mich und trollte von dannen. Schritt für Schritt, unerklärlich, weshalb ich mich heute so abquälen musste und

gestern locker spazierte. Nach fünf Kilometer holte er mich ein, als ich am Wegesrand einen Schluck Wasser zu mir nahm. Wahrscheinlich war er eben vor 10 Minuten los gelaufen. Beinahe hüpfend passierte er mich fröhlich grüssend. Ich guckte nach und erkannte des Rätsels Lösung. Sein Rucksack hing nicht irgendwo auf Hüft-Höhe, der hatte ihn ein ordentliches Stück höher. Sah beinahe lächerlich aus. Da seine Packung so erstaunlich klein war, fiel mir dies vorhin nicht auf.

Sofort zerpflückte ich die Träger meiner Packung. Irgendwo zwischen S und M eingestellt, setzte ich das Rückenteil nun bei XS an. Wohl musste ich nun definitiv wirken, als würde ich einen Hinkelstein tragen, weil mich die Packung um mehr als Kopfeshöhe überragte. Aber es fühlte sich schlagartig besser an.
Hätte ich nun den Weichen markiert und wäre auf der Beinglas-Farm geblieben, wäre ich solange wie der Schotte gesessen, oder hätte meine Pause irgendwo gedeckt getarnt gehalten, ich hätte diese Erkenntnis nie gewonnen.
Ich verzichte auf Lobpreisungen, aber ihr versteht. Manche Dinge können nicht einfach Zufall sein.
Natürlich, die Schulterschmerzen waren nicht einfach weggeblasen, aber einiges dynamischer Schritt ich voran.
Bis oberhalb Crianlarich.

Man lernt auf die Natur zu achten. Respektive, je mehr Tagestouristen in Turnschuhen oder erholte Rentner man sichtet, desto näher ist man der Zivilisation.
Der West Highland Way würde nach links weitergehen, Crianlarich würde ich nach einem Kilometer nach rechts erreichen. Alles den Berg runter, sagte ein vorbeikommendes Wanderpaar. Und gerade vor mir ein idealer Platz zum biwakieren. Stand ich also genau in der Mitte des West Highland Way und wusste nicht wohin. Münzwerfen? Stöckchen drehen.

Ich hatte kein Wasser mehr, weit und breit kein Bach. Den Rucksack hier deponieren und nach Crianlarich zum Wasser holen wäre wohl eine Option gewesen. Die Packung runter und Morgen wieder hoch tragen hatte ich keine Lust.
Oder ich würde noch 7 Kilometer anhängen und zur Auchtertyre Farm gehen. Dort hat es einen Campingplatz und Shop.
Die Aussicht auf richtiges Essen und die Notwendigkeit der

Wasservorräte obsiegten.

Ich gestehe, dass ich schon ein wenig auf Reserve lief. Es war nicht mehr die Freude am Gehen, das Laben an der Aussicht oder die gute Luft, welche mich leitete. Mechanisch setzte ich einen Fuss vor den anderen und die Gedanken drehten sich um nichts anderes mehr.
Ich lud wohl spätestens jeden Kilometer den Rucksack einmal ab, reckte und streckte mich.

Der Ausdruck "Weichei" hängt schon einige Zeit unausgesprochen im Raum. Ich schalt mich selber, wollte es nicht wahrhaben.
25 Kilogramm sind nicht viel und zwanzig Kilometer auch nicht. Kombiniert dies einmal und testet es über Stock und Stein.
Es ist eine der erschreckenderen Erfahrungen auf dem West Highland Way. Dachte ich, einigermassen fit zu sein, wurde ich eines besseren belehrt. Nicht ein Weichei, denn ich biss mich durch, aber bei weitem nicht in solch guter Verfassung, wie ich dachte. Ich möchte keinem die Freude nehmen, diesen Marsch in Angriff zu nehmen. Jeder kann es schaffen. Man geht gut noch einige Kilometer, wenn man denkt, man kippe gleich links weg. Gerne würde ich nun einige weise Motivationssprüche zum besten geben, aber es wäre gelogen. Es gibt keine, schmerzende Schultern kann man sich nicht gut reden. Einfach nur einen Fuss vor den anderen. Ein klein wenig habe ich auch meinen Rucksack im Verdacht. Auch bei Salewa arbeiten keine Zauberer.

Einen Kilometer zur Auchtertyre Farm, verkündete das Schild nach der Kirkton Farm. Während ich dies abschritt, formten sich in meinem Kopf unschöne Sätze, welche ich den Herren und Damen im Shop an den Kopf werfen wollte, von wegen einem Kilometer und so. Dies waren gewiss 50 Meter mehr! Nach Wegweiser eher 100 Meter weniger, aber diesem nassen, aufgeweichten Buch, welches sich Reiseführer schimpfte, traute ich schon länger nicht mehr.

Eine Lodge. Für sie alleine? Sicher?
The Trading Post stand über der Rezeption / Shop. Der ganze Platz mutete an, als wäre er mal eben von Santa Fe hier rüber geweht worden. Hinter mir Blockhäuser mit den sanitären Anlagen, Pferdekorale rundherum, grob gezimmerte Bänke und Tische

standen auf dem staubigen Platz. Man fühlte sich beinahe nackt, weil man kein Pferd zum ankoppeln hatte. Versucht, die Daumen lässig in die Gurtschlaufen zu hängen, während man durch die Tür tritt.
Vielleicht redete ich es mir schön, aber hätte beinahe schwören können, bei der Schottin hätte mal ein Indianer gelegen und deren Sohn begrüsse mich jetzt.

Wenn Lodges diese kleinen Holzhütten wären, dann ja.
Ob ich sie erst besichtigen wolle?
Nein, ich will jetzt einfach diese Lodge.
Der Gedanke formte sich ganz spontan. Es begann zu nieseln, mein Zelt hatte ich seit dem Start erstmals hübsch trocken eingepackt und ich wollte mich nur noch hinlegen. War ich doch gute zehn Stunden auf den Beinen. Also marschierend.
Die Kreditkarte durchgezogen, Schlüssel in Empfang genommen und schon schlurfte ich zur Hütte. Selbstverständlich erst zu den falschen, es wäre ja nicht so, dass ich schon genug gelaufen wäre.
Es war eine kleine pyramidenförmige Holzhütte. Zu begehen auf Knien durch eine kleine Tür. Etwa drei auf drei Meter Grundfläche, mit vier Bettstellen und einer Steckdose. Ein Traum in Holz, wenn man so will.

Da mein Geburtstag zwei Tage durch war dachte ich, es gebietet die Höflichkeit, doch einmal die Glückwünsche in Empfang zu nehmen. Nutzte die Chance und hängte das Smartphone an die Dose.
Obwohl es mir widerstrebte, das Ding einzuschalten. Es würde die friedvolle Ruhe empfindlich stören, war ich mir gewiss. Wohl war mir daran gelegen, meinen Vater zu informieren, wo ich gerade steckte, ansonsten genoss ich die Abgeschiedenheit sehr. Zu sehr.
Ich schloss es an und begab mich in den Shop. Im Reiseführer explizit als Gourmettempel angepriesen und sie hatten nicht gelogen. Exklusive Wild-Fleischwaren, richtiges Brot und Köstlichkeiten vom Meisterbäcker. Oh, ich hätte mich gut eine Woche hier aufhalten können.

Man sollte weder hungrig, noch nach Sport oder einer langen Wanderung einkaufen gehen. Geschweige denn in einer Kombination von alledem. Chips, Nüsse, Bier, Süssgetränke, Fleisch, Kekse, Schokolade. Es war ein ordentlich grosser und ungesunder Korb, welchen ich mir da zusammenstellte. Aber lecker. Bis auf die Schokolade, welche ich mir bewusst aufhob, schaffte ich es problemlos alles in einer Stunde zu vertilgen. Rollte mich auf die kleine Terrasse vor der Hütte und rauchte gemütlich.

Auf der ganzen Tour kam ich zuwenig zum rauchen, wenn man so will. Ich brauche das Nikotin nicht, glückliches Kind, daher nutzte ich die Pausen auch eher um durchzuatmen. Aber die Stunde der Gemütlichkeit und das ganze Wild-West-Bild gebot mir dieses lasterhafte Tun.

Danach ab unter die Dusche. Ich hatte es mir angewöhnt, zu duschen, wann immer die Möglichkeit bestand, da man nie wusste, ob es die letzte wäre.
Insert Coins.
Ein Pfund für acht Minuten.
Eine wunderbar geräumige Duschkabine im Sanitär-Trakt, mit Bank für Kleider, Handtuchwärmer, Luxus pur.
Ich stapelte die Münzen, dass ich sie auch mit zugekniffenen Augen finden möge, fand mich vor denselben verwirrenden Armaturen wie am Abend zuvor und wagte mein Glück. Kochend heiss, ein Traum. 8 Minuten Körperpflege und für ein weiteres Pfund Dampfbad. In der Hütte wartete ein richtiges Bett, also eine Matratze in Kunstoffschutzbezug aber passte schon, ich war überfressen und rundum zufrieden.

Doch ich zollte Tribut. 26 Kilometer sind möglich, wenn es sein musste, aber ich war weder unterwegs die Welt zu retten, noch um irgendwem was zu beweisen. Reserven sind dies, was der Name schon sagt und nicht für den Dauereinsatz gedacht. Ich nahm die Etappen nochmals aufs Korn, legte Rastplätze um und beschloss, nicht mehr als 20 Kilometer am Tag zu gehen. Es wäre schade, wenn ich mir den Urlaub vergällte, um irgendwelche Leistungsziele zu erreichen.

Als ich den Reissverschluss des Schlafsack hochzog, begann der Regen gegen die kleinen Fenster im Dach zu prasseln, der Wind pfiff um die Ecken der Holzpyramide.

Auchtertyre Farm
Victoria Bridge

Tag 6

Adressen:
Green Welly Shop an der Hauptstrasse, ein Outdoor-Laden bei der Tankstelle.
Brodies, am Ausgang von Tyndrum, die letzte Einkaufsmöglichkeit für die nächsten 44 Kilometer. Nach Angaben von Brodies. Insider-Tip, in der Nähe des Kingshouse-Hotel hat es ein Skigebiet, ja wirklich, mit einem ganz kleinen Shop mit etwas zweifelhaften Sandwiches und Chips. Also falls ihr wirklich kurz davor seid, den Rucksack anzuknabbern. Aber es sind doch zwei Tagesetappen.

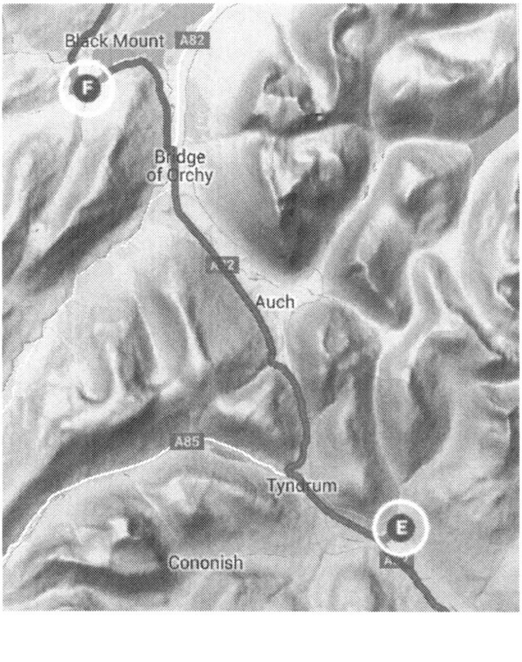

19.3 km

Ruck-zuck war ich in Tyndrum.
Gestern noch auf allen vieren, heute beinahe tanzend. Vielleicht lag dies an der erholsamen Nacht. Der West Highland Way geht um den Ort herum, doch geht gleich nach dem ersten Campingplatz in den Ort hinein. Am Ende der Hauptstrasse gelangt ihr automatisch wieder auf den West Highland Way.

Der kleine Ort mutet seltsam an. Die letzte richtige Ortschaft war Drymen, vor etwa 50 Kilometern oder so.
Beim Gedanken an Tyndrum erschien stets eine kleine Westernstadt im nirgendwo vor Augen. Einfach, weil es irgendwie abstrakt war, wieder eine Ortschaft zu sehen.
Man fühlt sich schon ein wenig wie der Trapper aus den Bergen, wenn man aus dem Wald schreitet und auf die Hauptstrasse tritt. Dass man kurz vorher eine verlassene Goldmine passierte, unterstützt das Gefühl noch. Grizzly Adam lässt grüssen.

Tyndrum besteht aus einem Campingplatz, ein paar Restaurants, Hotels, Bars und einer Tankstelle. Mit angrenzendem Outdoor-Shop. Links und rechts an der Hauptstrasse angesiedelt, wie es sich gehört. Einst lebte der Ort vom Gold und Silber-Abbau, nun sind die West Highland-Walker die Einnahmequelle.

Ich fühlte mich irgendwie fremd, als ich die Tankstelle ansteuerte. Truckfahrer, Touristen und dann der, der aus dem Regen kam. Natürlich regnete es. Der Schmutz lief in kleinen Bächen von meinen Gamaschen, als ich in den Shop trat. Den Rucksack deponierte ich draussen. Ich gönnte mir eine nicht ganz unberechtigte Sicherheit, was mein Gepäck anbelangt. Es würde kaum jemand schaffen, diesen ohne Aufmerksamkeit zu erregen von dannen zu schleppen. GPS und Geldbörse hatte ich in der Tasche. Der Shop bot nicht viel mehr als Schokoriegel und Nasa-taugliche Powerpack-Riegel. Und eine Dr. Pepper zum Frühstück. Danach betrat ich den Outdoor-Shop.
Mir schwebte ein Poncho für mich und Rucksack vor. Würde mich selbst Quasimodo nennen, da mein Rucksack wie erwähnt 1,5 Köpfe höher als meine Wenigkeit war.

Was erwartet man von einem Outdoor-Shop in der letzten Ortschaft der Welt? Eine Mischung zwischen Bear Grylls und Trapper John, welcher auf abgewetzten Dielen zwischen Kisten, Fässern und grob gezimmerter Theke mit beigestelltem Spucknapf Utensilien des täglichen Bedarfs gegen Nuggets oder Biberfelle eintauscht. Der Wind pfeift durch die Ritzen des Raums, ein offener Kamin in der Ecke verbreitet Wärme.

Ein mit Teppich ausgelegter Flur erwartete mich. Gedämpfte Kaufhaus-Musik, über den Regalen die klassischen Outdoor-Bilder. Models, feminin und pseudo-masculin, welche gerade mal 30 Meter vom SUV entfernt einen auf Abenteurer machen und ihre mit Zeitung ausgestopften Rucksäcke zur Schau tragen. Ein Verkäufer in Lackschuh und Anzug bot die Waren feil und nahm gewiss auch eine Beraterfunktion war.
Auf den ersten Blick fand ich nichts und zum stöbern war ich nicht motiviert.

Nach 20 Minuten war ich wieder unterwegs. Ausgangs Tyndrum fand sich der letzte Shop für die nächsten 44 Kilometer. Wenn man böse will, war es seit Drymen, also etwa 50 Kilometer, auch der erste Shop. Die übrigen Verpflegungsstationen waren die aus Goodwill geführten Shops in den Herbergen. Eher für die kleinen Gelüste zwischen durch, denn einen ordentlichen Marschhunger. Strategisch war dieser letzte Shop, wenn auch am West Highland Way, so richtig ungünstig gelegen, da sich manch Wanderer an der Tanke schon eingedeckt hat.

Der Weg nach Bridge of Orchy war eher unspektakulär. Feldwege zwischen Weiden, stiegen langsam an. Vorbei an Ziegen und Hochland-Rindern, eine Brücke über den Fluss. Doch fühlte ich mich nun wirklich in den Highlands. Der Blick konnte in die Weite schweifen, Bergkuppen säumten am Horizont das Bild.
Bis im nirgendwo ein Bahnhof steht.
Also unter Bahnhof verstehen wir eine Bahnhaltestelle. Zweimal täglich passiert hier ein Zug von Fort William nach Glasgow. Weiss ich so genau, weil ich auf meinem Etappenplan ein Zeichen für Notausstieg gesetzt habe. Notausstiege vermitteln einem ein Gefühl von Sicherheit. Im Falle eines Falles weiss man, bis wohin man sich noch schleppen muss.

Bridge of Orchy wird als kleines Dorf gehandelt. Mit ein paar Häusern und einer Grundschule. Alles verfallen. Sieben Einwohner zählt der Ort noch. Welche sich gut verstecken. Zwei Hinterköpfe nahm ich durch das Fenster eines baufälligen Campers wahr, das lebhafteste im Bereich war der Fernseher. An der Tür ein grosses Schild, dass sie keine Anlaufstelle für Wanderer seien. Diese sollen sich im Bahnhof melden.

Dort wurde zwischen den Geleisen in der alten Wartehalle ein Hostel betrieben. Besetzt ab 17 Uhr. Wohl bis siebzehn Uhr fünfzehn. Ich setzte mich kurzzeitig auf die Bank vor dem Gebäude und ignorierte den bewegenden Vorhang in meinem Rücken.
Auf dem Ort liegt ein Hauch von Teenie-Horrorfilm.

An der Hauptstrasse liegt das Hotel Bridge of Orchy. Wie alle Hotels in Schottland besticht es durch eine sehr schöne, einladende Fassade. Nicht den Best-Western Komm-zahl-geh-Charme. Man erwartet einen Concierge, Hallen mit Gaslampen und dicken Teppichen, Keramikwannen mit goldenen Hahnen. Ein Portrait einer alten Lady, welche in Zimmer 214 bisweilen noch vorbei schaut. Seit 125 Jahren.
In einem Hotel selber war ich nicht. Abgesehen vom Inversnaid Hotel zur Informationsbeschaffung. Ich denke, das übernachten in einer Lodge ist grenzwertig, in einem Hotel für den Tramper ein No-Go. Es sei denn, man hätte zwei gebrochene Beine, der Himmel fiel einem auf den Kopf oder man hat ein wildes Rind auf dem Hacken. Wenn man richtig trampt, schleppt man sein Zelt und nächtigt in der Natur draussen.

Nach meinem Dafürhalten beginnt bei Bridge of Orchy der schönste Teil des West-Highland-Way. Endlose Weiten. Keine Menschenseele. Flüsse und Sumpflandschaft eingebettet in saftig-grüne Weidewiesen. Da und dort ein Cottage.
Durch ein Wäldchen ein angenehmer Aufstieg, danach fühlt man sich schon ein wenig wie in den Bergen. Nebelschwaden reissen auf, geben den Blick auf Steinblöcke frei, dazwischen ein Trampelpfad. Fehlen nur die Alpenrosen. Auf dem Mam Carraigh hatte ich das Glück, dass die Wolkendecke aufriss und ich einen Blick auf den Loch Tulla erhaschte, im Hintergrund die Black Mounts mit imposanten Gipfeln, dies gesteht auch ein Schweizer gerne ein.
Weit hinten die unendliche Fläche des Rannoch Moor. Gewiss eine Stunde sass ich auf dem Gipfel und blickt einfach in die Landschaft, unterhielt mich mit vorbei kommenden Franzosen. Weit

unten links, klein wie ein Modellhaus, sah ich das Inveroran Hotel.

Den Abstieg mag ich so gar nicht. Die grosse Packung auf dem Rücken sagt einem noch schnell, in welche Richtung der Hasen läuft, sofern man stolpert und kurz etwas aus dem Schritt gerät. Am Hotel vorbei gelangt man an den Fluss Allt Tolaghan, eine schöne Wiese im Flussdelta lud direkt zum campen ein. Das Gelände grenzt an die Ländereien der Black Mount Lodge, welche der Familie Flemming gehört. Genau, diese Flemming. Ich campte sozusagen in James Bonds Vorgarten.

Weitere Tramper begeisterten sich ebenfalls für den Platz. Aber dies stört ja nicht. Im Gegenteil. Da ich noch ordentlich gut zu Fuss war, bot ich mich für die anderen Camper an, den Wasserträger zu machen. Bepackt mit Flaschen und Wassersäcke wanderte ich zum Inveroran Hotel zurück, wo im Innenhof für Camper eine Wasserzapfstelle bereitgestellt wurde.

Bis anhin der gemütlichste Platz, zweifelsohne. Hatte diesen Duft von Freiheit und Abenteuer, keine Tagestouristen mit BWM SUV und Eigenheim auf Zentralachse. Kein Shop, welcher mich nötigt solch unverzichtbare Dinge des Lebens wie gesalzene Erdnüsse und schokoähnliches Konfekt zu erstehen. Da ich wirklich leichtfüssig unterwegs gewesen bin, war der Tag noch nicht weit fortgeschritten. Ich belästigte die Fische, indem ich die nackten Füsse in den Fluss hängte, dabei eine Tasse Kaffe trank und das Leben genoss.

Auf der nahegelegenen Brücke sah ich ihn das erste mal wanken. Smeagol. Dies soll nicht abwertend sein, aber er sah dem kleinen Hobbit nun mal sehr ähnlich. Bewegte sich einfach weniger gelenkig. Die Packung aufgebaut wie der Tragkorb einer Marktfrau. An jeder Ecke baumelte etwas, unsymmetrisch aufgetürmt, jeder Proportion trotzend hing sie schief auf dem Rücken. Den Tragriemen über die linke Schulter hängend wie ein nerviger Spaghettiträger.
Er schien stets einen und einen halben Schritt vorwärts zu gehen, inne zu halten und weiter zu marschieren. Ich war versucht, motivierende Rufe zu entsenden, empfand dies jedoch als etwas sehr persönlich.
Wie ein Sack klatschte er ins Gras. Nach kurzem Zögern wollte ich

mich aufrichten, als ich sah, dass er etwas wie ein Zelt von seiner Packung abkoppelte.

Ich wandte den Blick gegen Himmel und hängte die Füsse wieder in den Allt Tolaghan. Hinter mir brodelte frisches Kaffeewasser.

Victoria Bridge
Kingshouse Hotel

Tag 7

Adressen:
Glencoe Mountain Resort. Beim Abstieg in das Tal, das Kingshouse Hotel im Blickfeld, einfach beim Blackrock Cottage links, statt rechts abbiegen. Dann etwa 300 Meter leicht bergan gehen. Notlösung, wenn man dringend einen heissen Kaffee braucht oder eine fragwürdige Toilette nutzen möchte.

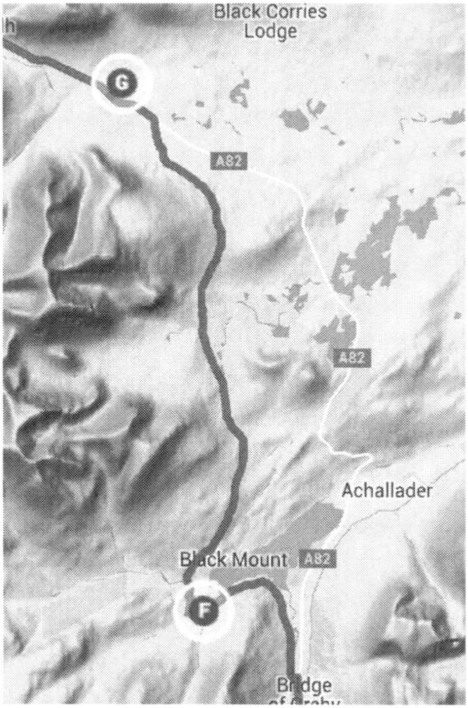

15.8 km

Der schwierigste Abschnitt des West Highland Way, titelte mein Reiseführer. Schon wieder.

Bei gutem Wetter eine einfache Wanderung, bei Regen und Sturm eine unangenehme Erfahrung, da keinerlei Möglichkeit besteht, Schutz zu suchen.
Also unter uns gesagt, ich weiss nicht was der Autor des Reiseführers erwartet oder wo er bisher Schutz gefunden hat. Der Schweizer ist ja nicht selten auf 2000 Meter über Meer unterwegs und wer nicht gelenkig genug ist, unter eine Alpenrose zu kriechen, wird auch hier besagten Schutz vermissen. Natürlich, dem entgegen steht, dass für den durchschnittlichen Schweizer das Wetter schon sehr launisch ist, wenn sich ein Wölkchen über den Himmel schiebt. Die stündlichen Wetteränderungen sind ein wenig gewöhnungsbedürftig.

Nun denn, dem Reiseführer zu Folge muss also die folgende Etappe die Hölle sein. Etwas, was die Festlandeuropäer als 'Gutes Wetter' bezeichnen, ist mir über einen längeren Zeitraum nie begegnet. Wobei die Schotten ja kein Adjektiv verwenden, die haben einfach Wetter. Regen, Wind, Sonnenschein und Schnee. Nass, trocken, warm oder kalt. Weil das Wetter nunmal unterschiedliche Bedürfnisse zu befriedigen hat, wäre es doch sehr merkwürdig von gut und schlecht zu sprechen.
Erkläre der Mac Weatherfrog dies mal unseren hypenden Radiomoderatoren, welche nach wie vor behaupten, zehn Tage über 30 Grad im Schatten sei das ideale Sommer-Wetter, perfekt wären wohl 14 Tage, während auf der Alm die Kühe verdursten.

Die schottische Ausgewogenheit besteht darin, dass es täglich regnet. Erwähnte fehlende Schutzmöglichkeiten traf ich auf meiner kompletten Wanderung nicht. Alles was grösser als ein Kabauter ist, hat keine Chance, sich irgendwo unterzustellen.
So startete ich, bekleidet mit der Regenjacke.
Totenstille rundherum. Meine Lieblingszeit. Wenn sich die Sonne durch die Wolken kämpft und die Strahlen bündelweisse durch die Decke jagt.

315 Höhenmeter sind nicht der härteste Aufstieg, dennoch begann ich zu schwitzen.
Feiner Nieselregen von oben, heisser Dunst aus meinem Kragen,

die Mücken liebten die Kombination. Nicht nur Mücken. Alles was irgendwie Flügel und einen Saugrüssel oder Stachel hat, bemühte sich, in meinen Kragen und meine Ärmel zu kriechen oder landete einfach frustriert in meinem Gesicht. An sich bin ich der Tierfreund schlechthin, aber hier wurden die Grenzen meiner Gastfreundschaft, das Laben an der Bluttheke doch ordentlich ausgelotet.

Ich begann zu verstehen, was an dieser Etappe so mühselig war. Es gibt festgetrampelte Wege, es gibt asphaltierte Wege, es gibt Wiesen und es gibt Fels. Und dann diesen Weg von Victoria Bridge über Black Mounts zum Kingshouse.
Man möchte gerne von mühseliger Natur reden, wenn ich nicht den Verdacht hätte, dass ein ganz sadistischer Wanderweggestalter diesen Pfad des geschwollenen Knöchels angelegt hätte. Eine Art Kopfsteinpflaster. Nur nicht flach, sondern mit aufragenden Zacken und Kanten. Auch nicht gleichmässig gross, jedoch stets so ausgelegt, dass kaum zwei Drittel Fuss Platz finden.
Je nach Beschaffenheit knickt der Fuss nach dem Aufsetzen nach links oder rechts. Alternativ kann man irgendwie auf Zehenspitzen gehen. Zur Rechten das Moor, links nicht minder saftige Wiesen. Das Moor konnte ich nur bedingt geniessen, da entweder Nebel lag, oder der Weg meine gesamte Aufmerksamkeit erforderte um mir nicht die Fussgelenke zu brechen.

Japp, es war der mühseligste Teil des Weges, wobei das Wetter eine völlig untergeordnete Rolle spielte.
Das Moor ist wirklich schön zu sehen. Für jemanden, der mit Moor bisher noch nicht viel am Hut hatte. Der Hund von Baskerville schoss mir durch den Kopf, ich fragte mich, wie weit man den Weg wohl verlassen könnte, bis es kein Zurück mehr gab.
Selbstverständlich blieb ich auf der Route. Wie mit dem Lineal gezogen folgt man der unendlichen Strecke, stets dasselbe Bild vor Augen. Mit zunehmenden Grad der Erschöpfung hat man das Gefühl, eine unsichtbare Hand zieht den vermeintlichen Endpunkt stets ein wenig weiter nach hinten. Fakt ist, dass man mehrere kleine Hügel passiert und daher stets den Blick auf den nächsten Höhepunkt richtet.

Nach zehn Kilometer passiert man den Gedenkstein für Peter Flemming. Dem Bruder von Ian, wir bewegen uns ja nach wie vor auf den Ländereien des James Bond-Schöpfers. Peter erlag hier während einer Wanderung eine Herzanfall.

Nun konnte man an hellen Momenten bereits ins Tal sehen, dort musste irgendwo das Kingshouse Hotel sein. In dessen Nähe am River Etive gedachte ich mein Nachtlager aufzuschlagen.
Das Kingshouse Hotel ist eine der wenigen festen Bauten im Rannoch Moor und wird als wichtige Zwischenstation des Highland Way betitelt. Es sieht richtig schmuck aus, wie alle Hotels. Ein wenig dauert es mich im Nachhinein, dass ich keines der Hotels von innen betrachtet hatte. Nur der Neugier wegen. Doch in diesem Moment war ich so zufrieden mit dem Leben in der Natur, es hätte schon Hunde und Katzen hageln müssen, um ein Zimmer zu nehmen.

Durch seine Lage besitzt es eine Monopolstellung, denn der West Highland Way-Wanderer ist mittlerweile über 30 Kilometer ohne Verpflegungsstation unterwegs und hat noch 15 Kilometer bis zur nächsten Ortschaft vor sich. Einkaufsmöglichkeiten bietet das Hotel keine, aber selbstverständlich könnte man ein Zimmer buchen.
"Einem Schweinestall näher, denn einem Gasthause" titelte 1802 ein militärischer Landvermesser, das im 17. Jahrhundert erbaute Hotel. Die Monopolstellung erlaubte es, Gäste stundenlang auf Essen warten zu lassen und den Besen gleich der Schank- und Schlafstube zu verbannen.
In der 1960er ging das Hotel in den Besitz der Flemmings über und mittlerweile erhält es sogar lobende Kritiken. Wird gesagt.

In der Nähe liegt das Glencoe Mountain Resort, ehemals das White Corries-Skigebiet. Die Geschichte des Skigebiets erinnert mich an die Schaffhauser mit dem Rheinfall. Wir haben den Wasserfall, nun kommet ihr Touristen und bringt Geld.
Um den Skilift fehlt jegliche Übernachtungsmöglichkeit, kein Entertainment, einfach nichts. Es verirren sich allenfalls Tagestouristen hierhin.
Mittlerweile, nach fünfzig Jahren, steht eine Holzhütte am Fuss des Skilifts. Auf dem festgetretenen Schotter des Parkplatz wurde etwas Rasen ausgerollt und ein Schild Camping Pitches eingeschlagen.

Wie so oft, verliert die abgelegene Landschaft ihren Zauber, wenn

Kleinwagen und Campingbusse Zugang erhalten. Der Parkplatz mit Mountainbikern überfüllt, das ganze Areal wirkte wie die Location für einen Red-Bull-Drehort für die abgefahrensten Extrem-Biker. Zelte flatterten im Wind, weil fünf Zentimeter Rollrasen keinen Halt boten und aus den sanitären Anlagen wehte ein Hauch uringetränkter Duftstein herüber.

Eine Dusche wäre vielleicht nett gewesen, aber so lenkte ich meine Schritte zügig in die Natur zurück. Nachdem ich kurz den Shop besuchte, was mich in meiner Entscheidung bestärkte. Es war die Welt von Baggy-Jeans, Go-Pro-Kameras, GPS und Carbon-Bikes. Ich wirkte wie ein Relikt aus vergangenen Tagen.

Ein starker Wind setzte ein, meine Packung, windschnittig wie die Seitenwand eines Sattelschleppers, gab munter die Richtung an. Wo ich hinguckte nur Ebene, bis auf die Berge, welche das Glen Coe-Tal umsäumten. Faszinierend schön, trotz Sturmböen.
In der Nähe eines verlassenen Cottages entschloss ich mich, das Zelt aufzubauen. Ich war mit Schokoriegel noch ausreichend bestückt, etwas haushälterisch speisen und ich sollte es bis Kinlochleven schaffen.

Die Nacht schlief ich kaum.
Ohrenbetäubend pfiff der Wind um mein kleines, einsames Zelt. Regen schien horizontal aus allen Windrichtungen gegen die Plane zu klatschen und eiskalt zog die schottische Nacht durch meinen dünnwandige Schlafgelegenheit. Ich nächtigte mit Kapuzenpullover, den Schlafsack mit Wäsche vollgestopft.
Es war zuhause eine Gretchenfrage, welchen Schlafsack ich mitnehmen würde. Da wäre noch der etwas flauschigere gewesen, in welchem ich einmal schweissgebadet erwachte.
In diesem Moment hat man so richtig verloren. An Schlaf ist nicht mehr zu denken, trocken kriegt man das Ding so schnell auch nicht, es bleibt nur die Suche nach Alternativen. Man deckt sich irgendwie mit Kleider zu, steckt die Füsse in den Rucksack. Daher der leichte Schlafsack. Lieber ein wenig frösteln. Wenn man schläft, merkt man dies nicht und der Mensch unterschätzt bisweilen die Heizleistung seines Körpers.

Gerne würde ich schreiben, der Wind drückte das Zelt flach auf den Boden, aber es wäre gelogen. Das Zelt stand wie ne eins, kein

Hering gab nach.
Es war eine der spannendsten Nächte. Ich mag den Nervenkitzel, ob man mit seiner Behausung gleich in die Nächste Bodenkuhle geweht würde, das Aussenzelt gegen den Horizont davon flatterte oder einfach nur pitschnass würde, weil das Material an seine Grenzen stiess. An der stirnseitigen Befestigung, wurde das Überzelt leicht vom Saum abgerissen. Ich bin sicher, Salewa würde kulant sein. Ich will mich nicht beklagen. Tags darauf traf ich auf eine Gruppe, welche ihr Zelt danach in die Tonne stopfen konnten. Kaum geschlafen, da sie jede Stunde das Zelt neu abspannen mussten.
Sie nächtigten auf dem Glencoe-Mountain-Campingplatz.
Ich bin ein Fuchs.

Kingshouse Hotel Kinlochleven

Tag 8

Adressen:
Blackwater Hostel & Campsite, Lab Road, Kinlochleven
The Co-operative Food, 20 Stevenson Terrace, Kinlochleven

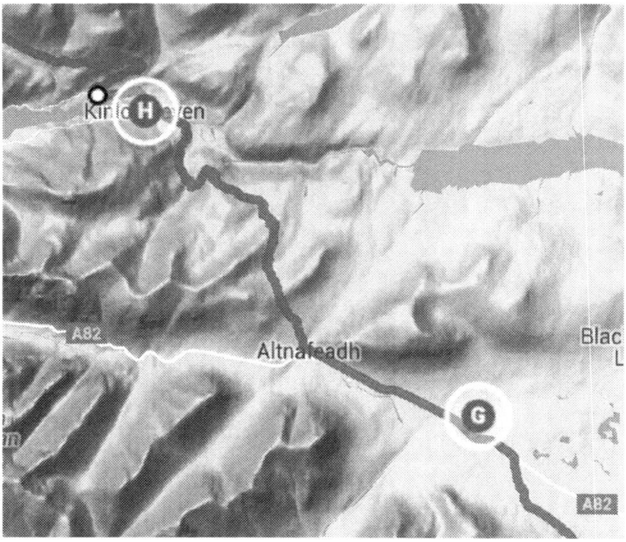

13,8 km

Im Treppenhaus des Teufels, Devil's Staircase.
Eine echte Bergetappe, titelte mein Reiseführer. Was bedeutet, einen Aufstieg auf 550 Meter über Meer zu bewältigen. Eben durch besagtes Treppenhaus.

Beinahe ein laues Lüftchen begrüsste mich am Morgen, der totale Gegensatz zur Nacht. Während des Kaffees liess ich das Aussenzelt fröhlich im Wind flattern um einen annehmbaren Grad

der Trockenheit zu erreichen.
Es ist übrigens erstaunlich, dass man ein Zelt triefnass in den Beutel stopfen kann und es dennoch keine Spur Schimmel aufweist. Es reichte jeweils die kurze Standzeit, um es innen wieder komplett zu trocknen.
Ich genehmigte mir den letzten Frühstücksriegel, nahrungstechnisch war ich nun ausgeschossen. Es bliebt nichts anderes über, als zügig nach Kinlochleven zu marschieren.

Ich marschierte los in Richtung Kingshouse Hotel. Dieses bietet übrigens auch Stellplätze, jedoch ohne irgendwelche sonstigen Annehmlichkeiten wie etwa eine Toilette. Was nie ein Problem ist, ist die Versorgung mit Wasser. Hat das Hotel nicht ausserhalb eine Zapfstelle, füllen sie einem gerne die Wasserflasche.

Einsam wanderte ich auf dem etwas ausgebauten Pfad in Richtung Autostrasse, welche durch das Moor führt. Fei von Fahrzeugen, keine Menschenseele war unterwegs. Es war etwas vor sieben Uhr. Die Wolkendecke riss langsam auf und die Strahlen begannen auf dem Moor zu tanzen. Es wirkte, als würde das Auge Mordors die Landschaft absuchen, faszinierend.
Vor der Autostrasse ein Warnschild für den Wanderer. Da würden Fahrzeuge passieren. Autos. Die seien schnell. Vielleicht nicht verkehrt, die letzte Schnellstrasse lag schon ein paar Kilometer zurück.

Vorbei am Kingshouse-Hotel. In erster Linie flaniert man parallel zur Autostrasse, was im Vergleich zu den vergangenen Tagen in unendlichen Weiten ein unangenehmer Stilbruch darstellt. Nach knapp fünf Kilometern, geht es auf den Pass. In der Schweiz sprechen wir von einem Zick-Zack-Weg. Es deucht mich etwas gewagt bei der Bewältigung von 300 Höhenmetern von einer Bergetappe zu sprechen, dennoch wollen wir dieses Stück nicht als Kleinigkeit abtun. Die Herausforderung war einmal mehr das Wetter. Schwitzen von innen, Regen von aussen und beim Halt ein nasses Gesäss.

Jedes regenabweisende Gewebe hat irgendwann den Punkt erreicht, wo es einknickt. Ein Zugeständnis an die atmungsaktive Komponente, denke ich. Aufgrund des Wetters waren die Tagestouristen wieder dünn gesät, man hatte weitgehendst seine

Ruhe. Abgesehen von ein paar Laufsportlern. Jedes Jahr findet das West Highland Way Race statt, im Rahmen dessen jeder Wanderer zum Waschlappen degradiert wird. Ich war nun schon seit sieben Tage auf der Tour, der Streckenrekord liegt bei etwas über 15 Stunden. Mal schnell die 150 Kilometer nach Fort William laufen.

Das offizielle Race war wohl schon vorüber, dennoch hechelte immer wieder ein enthusiastischer, ausgemergelter Läufer an mir vorbei. Anstelle der Trekkingschuhe mit Schneegamaschen einen dünnen Laufschuh der Marke Fliegengewicht, im allgemeinen nackt. Die grösste Blösse durch Shorts mit sehr hohem Beinausschnitt und einem funktionellen Spaghetti-Träger-Shirt bedeckt. Auf dem Rücken in kleines Rucksäckchen, zum Bersten gefüllt. Mit einem High-Power-Kohlehydratriegel und drei Schluck Wasser. Denke ich.

Die Passhöhe wartet nun nicht direkt mit dem Gefühl eines Erfolgserlebnis auf. Auf dem Mam Carraigh war es eindrücklicher. Nichts desto trotz ist man erleichtert, oben zu stehen.
In meinem gemächlichen Tempo weiter marschierend erblickte ich vor mir plötzlich wieder Smeagol.

Er muss Pfade kennen, welche nie ein Mensch betreten hat. Oder er ist die Nacht durchmarschiert. Ich kann mir nicht erklären, wie und wo er mich hätte überholen können. Sein Rucksack gewohnt schief auf dem Rücken. Sein Woll-Pullover musste aufgrund des permanenten Nieselregen die Wassermenge eines durchschnittlichen Kleinkind-Planschbeckens aufgesogen haben. Auch bei den Socken setzte der gute Mann auf Wolle, das Gesamtpaket steckte in einem Paar Lederschuhen, notdürftig gebunden mit einer Packschnur-Schnürsenkel-Kombination. Hätte sich die Sohle nicht ein wenig abgelöst, hätte er zwei kleine, gut gefüllte Fussbäder an den Knöcheln gehabt. In der Hand trug er einen West Highland Way Reiseführer, die englische Ausgabe. Zumindest den Umschlag, zwischen den Buchdeckeln war es eine Form von Pappmache.
Nicht, dass meiner anders aussehen würde, der Rucksack bot wie erwähnt nur ein begrenztes Mass an Schutz vor dem Elementen. Mich dauerte der Kerl ein wenig. Wie er so ging, mit rotem Zottelbart und die Haare in Strähnen unter der Kapuze hervor

hängend. Einen grossen Schritt, mit dem zweiten Fuss ein wenig nachsetzen, wieder einen grossen Schritt und abermals nachsetzend.
Ich will nicht sagen, eine bemitleidenswerte Kreatur, dies deuchte mich abwertend, aber er weckte ein gewisses Helfersyndrom. Trotzdem wusste ich nichts sinnvolleres, als ihn beim vorbeigehen knapp zu grüssen. Und mich die nächsten Kilometer zu fragen, hätte ich nicht sollen, wäre es nicht angebracht gewesen... Nun, ich tröstete mich mit dem Gedanken, er hätte ja auch einen Mund gehabt und das Gespräch suchen können.

Gesprächiger war ich beim nächsten Herren.
Vorne ein kleiner Rucksack, auf dem Rücken einen Tramper. Vor Regen triefend schleppte er sich den Berg hoch. Also eigentlich tänzelte er eher. Mit einem Lied auf den Lippen. Man möchte schon von elfengleich reden, wäre da unter der Kapuze nicht ein drahtiger Bart gewesen und hätte die Erscheinung nicht gewirkt, als könnte er Hirsche stemmen.

Warum er den West Highland Way von Norden nach Süden gehe, fragte ich ihn. Der Gang von Süden nach Norden hat sich aus zweierlei Gründen etabliert. Erstens hat, oder hätte, man die Sonne im Rücken und nicht stets im Gesicht und zum Zweiten, startet man in eher flachem Terrain, was gegen Ende immer anspruchsvoller wird. Man hat eine Angewöhnungsphase.

Er käme soeben von Irland, war dort auf einem Fernwanderweg. Als er die Fähre verliess, fühlte er, dass er noch nicht bereit für die Zivilisation war. Also beschloss er, nicht den Zug zu nehmen, sondern nach Glasgow zu wandern.
So wie wir beschliessen, wir lassen das Auto stehen und spazieren von der Migros in die Coop-Filiale, weil die Sonne so schön scheint. Und ich, ob ich auf dem letzten Stück wäre, wollte er wissen. Also etwas um die 30 Kilometer vor mir, Anmerkung der Redaktion. Etwas zerknirscht gab ich zu, dass ich in Kinlochleven einen Halt einlegen würde. Ein wenig war ich auch geschmeichelt, dass ich noch so fit wirken würde.
Ja, dies wäre ja nur noch ein paar Meter runter.

Wir verabschiedeten uns mit der den Trampern eigenen Herzlichkeit. Eine Mischung zwischen 'es war wirklich nett, uns zu

treffen' und 'wir geniessen es jetzt aber, wieder in die Einsamkeit zu gehen'.
Ganz allgemein war ich ein wenig von mir überrascht. An sich menschenscheu, ging ich locker auf Wanderer zu, stets etwas gehemmt in fremden Zungen zu sprechen, brabbelte ich in meinem Holzhacker-Englisch los. Es ist einfach eine eigene Welt, mit einfachen, eigenen Regeln.

Ein paar Meter runter. Es wollte nicht mehr enden, ich war nass, hatte heiss und kalt. Also keine Grippesymptome. Die Sonne, Bise und der Regen kämpften permanent um die Vorherrschaft. Man sah im Tal nur Wald, wusste aber, irgendwo musste hier Kinlochleven sein. Und in Kinlochleven gab es eine Einkaufsmöglichkeit. Und ein Hostel, welches wieder solch kleine nette Häuschen anbietet. Mich gelüstete es nach einer Dusche und etwas wie einem Bett. Und Nahrung.

Und irgendwann denkt man ein paar Häuser zu sehen, der Weg schlängelt sich jedoch mal hier, mal dort hin. Der mühsamste Teil der Wanderung. Die Schulterschmerzen, bin ich mir sehr sicher, sind zu einem grossen Teil psychisch hervorgerufen. Nein, ich mache jetzt keine Pause, bin ja gleich da.

Nein, sie hätten keine Lodge. Also diese Mischung aus Fass und Planwagen ohne Räder. Also keine frei. Respektive, meine Interpretation, sie denken nicht daran nachmittags um 15 Uhr eine Lodge einem einzelnen Wanderer anzubieten, wenn die Chance besteht, dass in zehn Minuten ein Zweierpaar reinschneit und man doppelt verdienen könnte.

Also stellte ich mein Zelt gegen ein paar Pfund auf der angrenzenden Wiese auf. Mit einer ausgiebigen Dusche wollte ich den Übernachtungspreis amortisieren und mich für die verweigerte Lodge rächen.

In den sanitären Anlagen war ein Schild angeschlagen, dass das Wasser ab 17 Uhr geheizt wurde. Oder so. Jedenfalls ergab die Übersetzung mit meinem rudimentären Kenntnisse der englischen Sprache diesen Sinn. Nicht sehr risikofreudig war ich keineswegs gewillt, mit eingeseiftem Haupt und zusammengekniffenen Augen festzustellen, dass nur noch Eiswürfelchen aus der Brause klickerten.

Also suchte ich dem Aufbau des Zeltes den Supermarkt auf. Ich bin kein Unterstützer der 24/7-Einkaufsmöglichkeit, war dann aber doch glücklich, dass die Verkäufer auch sonntags ran mussten. Wurde mir erst in diesem Moment gewahr, dass wir den Sonntag zelebrieren. Wochentage hatten irgendwie ihre Bedeutung verloren.

Schwer beladen mit allerlei ungesunden Leckereien schleppte ich mich zum Zelt zurück. Endlich wieder richtiges Essen. Also Chips, Muffins, Dr. Pepper und labbriges Toastbrot mit Schinken und Käse. Bewusst, dass ich mich richtig ranhalten musste, da ich nicht gewillt war, kiloweise Nahrung nach Fort William zu schleppen.

Die Wahl meiner jeweiligen Verköstigung mag Fragen aufwerfen. Schon sonst nicht an eine eine warme Mahlzeit pro Tag gewöhnt, fällt es mir nicht schwer, auf diesen Luxus zu verzichten. Im Allgemeinen nehme ich vielleicht einmal im Monat eine warme, reguläre Mahlzeit zu mir, ansonsten ist die Verköstigung eher zweckgebunden, unkompliziert.
So rückblickend frage ich mich, warum ich mir nicht einmal einen Topf Pasta gekocht habe. Es kam schlichtweg noch nicht einmal der Gedanke daran auf. Auch nicht beim Packen. So hatte ich wohl ein Briefchen Salz in meinen Kochutensilien, doch der Topf war der Grösse geschuldet mit dem Erhitzen von Kaffeewasser schon ziemlich ausgelastet.

Es fehlt mir der Vergleich, doch denke ich, meine etwas ausgefallene Einstellung zur Nahrungsaufnahme mag der Gesundheit nicht direkt zuträglich sein, aber macht das Leben in der Natur ungemein einfacher.

So war also Toastbrot mit Schinken und Käse wahrhaft eine kulinarische Bereicherung, alles andere Futter für die Seele. Denn dieses brauche auch ich bisweilen. Und ich war sehr glücklich mit meinem Einkaufsbeutel.

Nebenan wurde ein Zelt aufgebaut. Bring mir ein Milchbrötchen wurde geschrien. In deutsch. Im, verzeiht liebe Nachbarn, diesem Befehlston, welcher den Schweizern bisweilen ein wenig sauer aufstösst. Also im eigenen Land. Ihr wisst schon, in der Bäckerei Müller. Ich krieg drei Semmeln. Mit herausfordernd vorgerecktem Kinn, eine kleine Hand zur Faust geballt und bereit, selbige mit Nachdruck auf die Spuckschutzscheibe der Theke zu ballern.

Darauf folgte eine Diskussion, welche Hosen man anziehen soll, wo der Slip wäre und weitere Dinge, welche man als Zaungast so gar nicht mitbekommen will.
Es ist ein Krux, wenn die Nachbarn denken, der versteht sowieso nichts.
Irgendwann machten sich zwei Personen vom Acker. Die Herren der lustigen Zelttruppe.
Der Peinlichkeit, einen unbeteiligten Zuhörer gehabt zu haben, wurde die Dame ja erst gewahr, wenn sie erfuhr, dass ich der deutschen Sprache mächtig wäre.

Mit einem freundlichen Guten Tag bot ich die verbale Hand zum kennenlernen. Ob sie errötete kann ich nicht beurteilen, die Hand legte sie an die Stirn um dutzende Mückenstiche zu verbergen. Eher weniger erfolgreich.
Eine stürmische Nacht hätten sie auf dem Campingplatz der Seilbahnstation verbracht. Die Männer hätten keine Stunde am Stück geschlafen, da sie immer wieder das Zelt neu abspannen mussten. Sie hatten eines dieser geodäten Zelte, von welchen man sagt, sie sind ganz speziell sturmfest.

An sich dachten sie dies auch, berichtete die Dame, aber irgendwie hätten die Herren das Aufstellen nicht im Griff. Nun denn, bei zehn Zentimeter Rollrasen kann man den Hering noch so enthusiastisch einrammen, es bleiben zehn Zentimeter lose Erde, verteidigte ich die Geschlechtsgenossen.
Aber wenn sie nun lecker Milchbrötchen bringen würde, wäre ja alles wieder im Lot.
Morgen würden sie nach Fort William durchlaufen und am nächsten Tag in Richtung Inverness.

Respekt. Dies war eine gängige Ergänzung zum West Highland Way, wie ich feststellen musste. Dem entsprechend fühlt ich mich stets ein wenig verliererhaft. Wie der Berggänger, welcher für die letzten Höhenmeter die Seilbahn nimmt.
Wir verabschiedeten uns höflich und ich machte mich auf den Weg

zu den sanitären Einrichtungen.

Die Duschen wollten gefunden werden, da de geöffnete Toilettentür passgenau den Zugang zu den Duschen verschloss. Ich guckte verstohlen in den Damenbereich um mir eine Übersicht der architektonischen Überlegung zu verschaffen, riegelte an verschlossenen Türen auf dem Flur, umrundete die Liegenschaft um mir ein Gesamtbild der Dimensionen zu erstellen, bis ich Wasser lösen musste, in schweizerischer Manier die Toilettentür schliessen wollte und die Duschen entdeckte. Sauber, soweit das düstere Licht erahnen liess. Einen Lichtschalter fand sich nirgends, aber auch im Dunkeln liess ich mir Zeit, sehr viel Zeit, für die Hygiene.

Kinlochleven
Fort William

Tag 9

Adressen:
Campsite Glen Nevis, Glen Nevis, Fort William

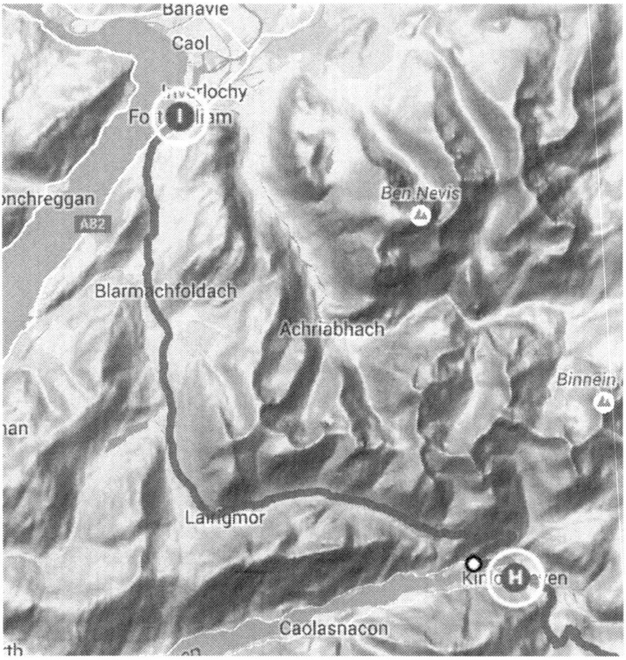

24,5 km

Nun zieh ich das Ding durch!
Wohl geruht, vollgestopft mit hochwertigen Artikeln wie Schokokeksen, aufgeputscht mit Energy-Drinks, entschloss ich

mich, die letzte Etappe nicht mehr zu teilen.

Knapp 25 Kilometer, wobei die letzten 12 nur noch die Pflicht nach der Kür waren. So der Reiseführer. Der Abstieg von den Highlands nach Fort William.
Ja ich weiss, Fort William liegt in den Highlands, aber bildlich stellte ich es mir so vor. Die Rückkehr in die Zivilisation. Wie Elam Harnish, welcher nach Dawson zurückkehrt.

Mit ein wenig Wehmut packte ich mein Zelt zusammen. Ich wusste wohl nicht direkt, was mich erwartet, war jedoch gewahr, dass das Ende bevorstand. Eine Abschied von den wilden Highlands, der Schritt zurück in die Stadt. Mit Fussgängerzonen, Beförderungsmittel, Asphalt, Strassenlampen, schlicht alles, was man so gar nicht vermisst hatte.

Die Strecke von Kinlochleven nach Fort William war wieder eine klassische Tagestouristen-Strecke.
Bei aller Liebe zur Einsamkeit, schätzte ich auch die Tagestouristen ein wenig. Man war nicht ganz alleine und, gebe ich zu, die bewundernden Blicke fühlten sich gut an. Mittlerweile sah man mir an, dass ich ein paar Tage unterwegs war. Die Schuhe, bisweilen notdürftig in einem Bach vom Schmutz befreit, wirkten nicht mehr wie aus dem Regal gezogen. Die schmutzstarrenden Schneegamaschen trug kein normaler Tagestourist. Schweissränder am Shirt, einen ungepflegten Bart im Gesicht und diese Art zu gehen.
Man legt sich eine ganz individuelle Gangart zu, wenn man einen Rucksack über hundert Kilometer schleppt. Gemächlich, aber nicht schlendernd. Der langsame, gleichbleibende Tritt mit einer Bestimmtheit, welche erahnen lässt, so man einen Felsen in den Weg legt und er nicht über diesen steigen kann, geht er einfach krachend mitten durch. Ohne inne zu halten, in seinem gemächlichen Schritt.
Natürlich, übertrieben. Ich versuche nur die Empfindung wieder zu geben. Schliesslich will ich den Leser motivieren, es mir gleich zu tun.

Es ist ein erfüllendes Gefühl, wenn man sich an die körperlichen Grenzen herantastet. Wissend, wann immer man den Eindruck hatte, es geht nicht mehr, kommt da irgendwo noch eine Reserve her. Die Phrasen werden immer platter, Zeit die Erzählung zu beenden. Behaltet einfach im Hinterkopf; Es geht eben doch. Irgendwo findet man immer eine Motivation.

Ich überholte das nette französische Pärchen, welches ich schon zum dritten Mal traf. Wanderer, welche das Gepäck transportieren liessen und mir stets ihren Respekt bekundeten, da ich mit dem gesamten Hausrat auf dem Buckel unterwegs war. Sie waren im Rentenalter, es war mehr als nur legitim, dass die den Gepäckservice in Anspruch nahmen und in Hotels nächtigten.

Der Aufstieg zur Passhöhe von 335 Meter über Meer ging erstaunlich gut von Statten. Der Blick über Loch Leven einfach bezaubernd. Als hätte in ganz begeisterter Eisenbahner ein Modell geschaffen, wirkte alles wie liebevoll platziertes Spielzeug. Wolkenfetzen an den Bergen, leichter Dunst über dem See.
Es ist mitunter das Schöne an Schottland. Man steht mal ganz oben, dann wieder ganz unten. Hat stets die komplette Perspektive.

Vielleicht vermisst ihr Fotos. Das Fotografieren ist nicht meine Stärke, auch der Tatsache geschuldet, dass der Apparat stets nass war, das Objektiv beschlagen und nicht selten einfach in der Tiefe des Rucksacks verborgen lag.
Er war einfach nicht von grosser Bedeutung. Nicht, dass das Foto dem Moment den Zauber nehmen würde, doch kann es nie die Magie festhalten. Und ein wenig fürchte ich vielleicht, das Foto nimmt dereinst den Platz in der Erinnerung ein, welche doch um so viel reichhaltiger und schöner war.
Kein Fotoapparat kann das Bild so festhalten, wie ich es in diesem Moment erlebe. Zudem, ganz rudimentär, ist die Fotografie nicht mehr, was sie war. Mit unzähligen elektronischen Hilfsmittel wird aus dem verschwommensten Bild ein farbenstrotzendes Kunstwerk. Hatten Bilder je eine Seele, wurde ihnen diese mit Photoshop genommen.

Nach einer Biegung, ich glaubte es kaum, schlurfte vor mir eine kleiner Mann. In Lederschuhen, notdürftig von einer Packschnur-Schnürriemen-Kombination gehalten. Unter einer Wollkapuze. In der Hand eine Plastiktüte, ohne Rucksack. Leicht hinkend, ein Schritt vor den anderen setzend. Unbeirrt, auch wenn der Fuss in einer knöchelhohen Pfütze zu liegen kam.

Gott allein weiss, wie und wo mich der Kerl schon wieder überholt hatte. Ich war dankbar, den Mann nochmals zu sehen. Dankbar mein Gewissen rein zu waschen. Auf gleicher Höhe grüsste ich ihn. Sprach meinen Respekt aus, wie mich sein unbeirrtes Vorankommen beeindrucke.
Klang irgendwie etwas gönnerhaft, aber es war aufrichtig. Gut trainiert, nicht dass ich dies wäre, mit dem besten, was Outdoor-Schmieden zu bieten haben, hatte ich, einen Trek zu absolvieren ist eines. In durchgelaufenen Lederschuhen, mit Knieproblemen und der Kleidung, welche man eben so rumliegen hat ist die wirkliche Leistung.

Wo er seinen Rucksack gelassen hätte, erkundigte ich mich. Diesen liess er nach Fort William transportieren, dort würde er in eine Herberge gehen.
Wie es um seine Vorräte stünde, ob er Wasser und Essen hätte, den Blick auf seine Tüte gerichtet. Doch ja, er sei versorgt, war in Kinlochleven einkaufen.

Ich wollte nicht mehr weiter löchern, ab einem gewissen Punkt wird es bemutternd, vielleicht gar beleidigend. Wir verabschiedeten uns und ich beschleunigte meinen Schritt ein wenig um räumliche Distanz zu schaffen.

Vielleicht liegt es an mir, doch ich glaubte festzustellen, wer nicht schon als Gruppe startet, ist auch nicht erpicht, eine spontane Gruppe zu bilden. Es ist eigentlich ganz einfach, will man mit jemandem in einer Gruppe gehen, würde man ihn schon fragen. Doch wird man kaum jemanden auffordern, er möge alleine seiner Wege ziehen. Wird man also nicht gefragt, hat man sich abzusetzen.

Etwas später traf ich auf die rotbesockten Senioren. Die Herren mit forschem Schritt in kurzen Hosen, die Damen in enganliegender Funktionskleidung. Mit Stöcken.
Gesetztere Herren haben öfters mit dem Stolz zu kämpfen. Vergleichbar mit Jungspunden in Sportwagen. Sie kriegen es nicht ab, wenn sie überholt werden. Da wird der gesamte, gemütliche Spaziergang über den Haufen geworfen und sie streben, diesen

frechen Lümmel wieder zu überholen. So ging ich einige Kilometer, hinter mir klapperten die Stöcke und plapperten unaufhörlich die Münder, vor mir verkrampfte Waden mit fingerdicken Adern überzogen, eiligen Schrittes mit keuchendem Begleitton. Ich war nicht gewillt eine unnötige Pause einzulegen, die Herren ebenfalls nicht. Etwas mühselig.

Nach Loch Lunn da Bra war es ein auf und ab durch die Wälder. Loch Lunn da Bra ist die Wohnstätte eines Untiers, welches Weidevieh verspeist, so die Legende. Hat wohl ein schulterzuckender Viehdieb in die Welt gesetzt.
Der Waldboden ordentlich aufgeweicht, wann immer der Regen aussetzte, sprangen lästige Mücken in die Bresche.
Zudem zeigte ein Blick auf mein Navi, dass der tatsächliche Weg vom elektronischen abwich. Was mich ein wenig nervös machte. Nicht, weil ich mich verlaufen könnte. Ich hatte ja alles für einige Nächte in der Wildnis. Doch sehnte ich mich nach dem Ziel.
Ja, ich wollte ankommen. Es ging durch den Wald, über glitschige Stege, Hügelkuppen entlang, kurz gesagt, erstaunlich abwechslungsreich.

Vermehrt kamen einem nun Wanderer entgegen. Vollbepackt. Sie dauerten mich etwas, wegen des verregneten Starts und der unzähligen Kilometer vor ihnen. Und ich beneidete sie, wegen der tollen Erfahrung und der unzähligen Kilometer vor ihnen. Mit jedem Schritt näher an die Zivilisation, vermisste ich die Highlands ein wenig mehr.

Noch 45 Minuten, sagte mir ein Paar, welches mit dem Hund auf einem Spaziergang war. Mit nach unten gerichtetem Kopf und Tunnelblick musste ihnen nicht entgangen sein, dass ich in den letzten Zügen war.
Seit gefühlten Stunden marschierte ich eine ausgefahrene Kiesstrasse hinunter. Es war nicht primär die Erschöpfung, ich möchte von der Pflicht nach der Kür sprechen.
Endlos zog sich der uninteressante Weg hin.
Diese Kiesgrubenzufahrt hatte nichts mehr von der Magie des West Highland Ways. Endlich ein Weg, welcher rechts abzweigt und steil nach unten führt. Rechts nach dem Zeltplatz Glen Nevis, links nach Fort William.
Wohl plante ich die Nacht auf dem Campingplatz zu verbringen,

wollte jedoch an das Ende des West Highland Ways. Heute, hier und jetzt.

Die längsten zwei Meilen meines Lebens. Man geht auf asphaltierter Strasse. Bei jedem Schritt wird man sich bewusst, hier gehöre ich nicht hin. So viele Menschen, überall Autos.
Wie es James Fenimore Cooper in seinem Lederstrumpf-Werk sinngemäss beschrieb; Was soll ich in der Stadt? Mich in ein Haus zwängen, die Spuren der Leute auf dem Marktplatz verfolgen? Hier draussen ist mein zuhause.

Ich stapfte Schritt für Schritt Fort William entgegen, vorbei an sich verdichtenden Häuserzeilen, bis ich endlich das Schild erreichte. Rechts von einem Parkplatz, beim Souvenirshop war es. Das offizielle Ende des West Highland Ways. 154 Kilometer, 4500 Höhenmeter enden zwischen der Hauptstrasse und dem Souvenirshop. Neben Bushaltestelle und Taxistand.
Irgendwie unspektakulär.

Hier ist man einfach ein Typ mit einem grossen Rucksack, welcher den umtriebigen Herrschaften ein wenig in der Sonne steht. Im Shop kann man sich ein Zertifikat abholen. Sei man nun den ganzen Weg gelaufen oder drei viertel mit dem Zug gefahren, oder hatte keinen Meter absolviert. Jeder erhält es. Der Bedeutung gerecht werdend habe ich es geholt, weiss aber nicht mehr, wo es liegt.

Seit Tagen begegnete man nur Wanderern in schmutziger Funktionskleidung und in Wolle gepackte Einheimische. Nun stehen da Damen in Heels und Stretch-Jeans, gelackte Herren in weissen Bling-Bling-Dolce Gabbana-Jäckchen, filigranen Sneakers und auf dem Weg trollt ein Accessoires-Hündchen. Der Stilbruch war gerade ein wenig heftig.

Und dennoch, es ist ein Hochgefühl. Ich habe gezweifelt, war nahe dran die Flinte ins Korn zu werfen. Es war mein Stolz, welcher mich hinderte aufzugeben. Und ich wurde belohnt. Mit Stunden der persönlichen Einkehr. Mit unbezahlbaren Momenten der Einsamkeit, welche wir in der Zivilisation so oft missen.
Auf einem Hügel stehend, den Blick über schier unendliche, einsame Weiten streifen zu lassen gleicht einem Luxus. Die

Menschheit denkt ihr Glück darin zu finden, dass jeder Zentimeter verbaut werden muss, alle fünf Kilometer ein Einkaufszentrum zu stehen hat und jeder Winkel mit einer vierspurigen Strasse erreichbar sein muss.

Wie so oft dauerte es mich, diesem Erlebnis alleine beiwohnen zu müssen. Nicht, weil ich mich einsam fühlte. Sondern weil es viele Menschen in meinem Leben gibt, mit welchen ich diesen Eindruck teilen wollte. Mich dauerte es, dass sie in diesem Moment nicht empfinden konnten, was ich fühlen durfte.
Diese tiefe Glückseligkeit, welche einem keine Kreditkarte verschaffen kann. Und ich bin unendlich dankbar, dass ich aller Verrohung der Gesellschaft, aller Abgebrühtheit zum Trotze immer noch in der Lage bin, wahres Glück zu erfassen.

Der Tourismusverein war wohl der Ansicht, dass der West Highland Way und dessen Besucher einen würdigeren Abschluss verdiene. So schufen sie flugs ein zweites Ende. In der Fussgängerzone von Fort William.
Wie ein Besucher eines anderen Sterns wurde ich betrachtet. Schwer beladen, strotzend vor Schmutz und gewiss ein wenig riechend, streifte ich durch die Fussgängerzone. Vorbei an hübsch gekleideten Menschen mit kleinen Taschen aus dem Souvenirshop. Immer weiter der Distel nach welche, einem Geheimpfad gleich, ein wenig versteckt an Begrenzungspfählen, Beleuchtungsmasten oder Wegweiser ausgeschildert war.
Eine kleine Arena mit Blumen und einem Willkommensschild. Eine Bank lädt zum ruhen ein, sinnbildlich eine Statue mit schmerzenden Füssen auf selbiger. Im Boden eingelassen sind über den gesamten Platz alle Stationen des West Highland Way. Kaum angekommen, kann man schon die Erinnerung schweifen lassen. Ich kann von jeder Biegung, jeder Ecke sagen, welches Zipperlein mich plagte, welcher Eindruck mich erfreute.
Wieder traf ich die netten Franzosen, welche sich bereit erklärten, ein Foto von mir zu schiessen.

Das war es nun also. Ich hatte den West Highland Way nicht bezwungen, er gestatte mir lediglich, auf ihm zu wandeln. Danke.

Nachtrag

Fort William, Scot-Rail
Glasgow, Queen Street, Scot-Rail

Adressen:
Hotel Normandy, Glasgow
Nicht das feinste Haus am Platz, aber gleich beim Flughafen und der Shuttle-Bus zum Flughafen ist inklusive. Vom Bahnhof etwa 20 Minuten Taxifahrt durch das schöne Glasgow.

Mein Nachtlager errichtete ich auf dem Camping Glen Nevis.
Es war eine Umstellung. Von der Ruhe der letzten Tage, kehrt man in den Alltag über. Schreiende Kinder, Damen in hohem Schuhwerk - irgendwie scheine ich traumatisiert - Outdoor-Papas, welche auf dem Campingplatz die Natur, das Abenteuer suchen. Mit geländegängigem SUV und Indiana-Jones Hut. Zweihundert Meter vom Shop entfernt, fünfzig Schritte zur warmen Dusche und Toilettenpapier.

Ich stelle mich nicht besser, weil ich ein paar Tage durch die Highlands streifte. Aber die ganze Situation wirkt entsetzlich gestellt, insbesondere, wenn mitleidige bis verächtliche Blicke mein kleines Zelt, oder die Wäscheleine mit starren Socken und verschwitzten T-Shirts streiften.

Ich gönnte mir eine Dusche. Die sanitären Anlagen waren wohl grosszügiger, doch vorbei an bierbäuchigen Campern, anstehen hinter Meier und Müller, irgendwie vermisste ich die Katzenwäsche am kalten Allt Tolaghan. Zudem ekelte mich eine Berührung der Keramik mehr, als mit beiden Knien im Morast zu stecken und das Gesicht in den Fluss zu stecken.

Nach Schweizer Verhältnissen wäre es ein Katzensprung auf den Ben Nevis gewesen. Obwohl ich von den Vergleichen mit der Schweiz langsam abkomme, Schottland braucht nicht hinten anzustehen. Den höchsten Berg Grossbritanniens, welchen man doch eigentlich besuchen musste. Dennoch konnte ich mich nicht motivieren. Ich bereue es nicht, Schottland schliesst die Pforten ja nicht gleich morgen, ich kann wieder hin. Muss wieder hin, ihr entsinnt euch, da ist noch diese Strecke nach Inverness. Vorbei an Loch Ness.

Es fuhr ein Bus nach Fort William. Morgens um neun Uhr. Ich müsse einfach auf die Strasse springen und ihm winken, es gäbe keine Haltestelle, teilte mir der Herr an der Rezeption mit.
Das Experiment reizte mich, dennoch bin ich ein scheuer Zeitgenosse. Kaum in der Zivilisation war es vorbei mit der Offenheit. Ich spazierte die paar Meilen. Mit meinem kleinen Tagesrucksack in den leichten Trekking-Schuhen. Es galt ein paar Einkäufe zu tätigen, ich wollte Postkarten versenden und musste meinen E-Book-Reader aufladen. Den kleinen Luxus welchen ich mir gönnte. Zudem wollte ich die Rückfahrt planen.

Die Scott-Rail fuhr zweimal täglich nach Glasgow.
Es ist eine schöne Fahrt. Knapp vier Stunden. Übrigens die Strecke, welche Harry Potter im Hogwarts-Express fuhr. Nicht die bequemste, aber gewissermassen ein entschleunigtes Ende, man streift Gebiete, welche man durchwandert hat. Bahnstationen mitten im Nirgendwo. Den Blick aus dem Zug in die unendlichen Weiten. Ich denke, so mussten sich die Siedler in Nordamerika gefühlt haben.

Eine Taxifahrt durch Glasgow, einchecken im Hotel beim Flughafen und die Übernachtung in einem engen, stickigen Hotelzimmer liessen keinen Zweifel aufkommen, dass mich die Zivilisation wieder hat.
Eine lange Dusche ohne Münzeinwurf und drei Guinness an der Hotelbar.
Es hat auch sein Gutes.

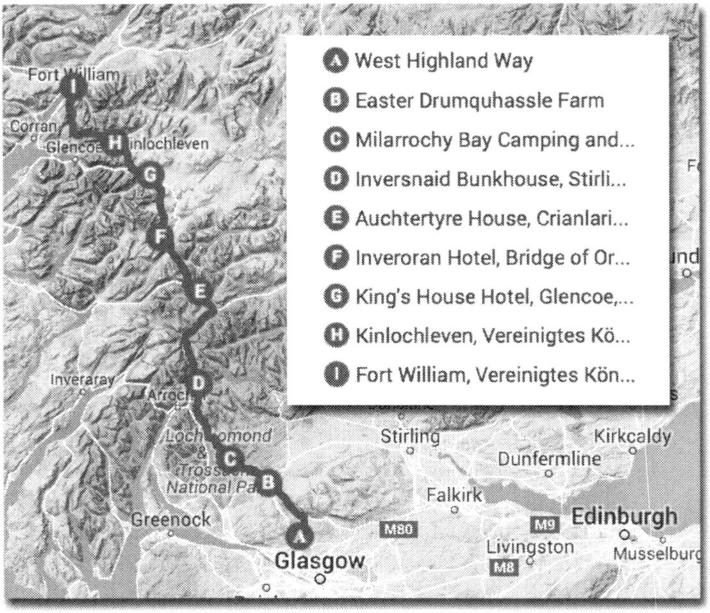
West Highland Way
Easter Drumquhassle Farm
Milarrochy Bay Camping and...
Inversnaid Bunkhouse, Stirli...
Auchtertyre House, Crianlari...
Inveroran Hotel, Bridge of Or...
King's House Hotel, Glencoe,...
Kinlochleven, Vereinigtes Kö...
Fort William, Vereinigtes Kön...
Corran
Glencoe
Inveraray
Stirling
Kirkcaldy
Dunfermline
Falkirk
Greenock
Edinburgh
Livingston
Glasgow
Musselburg
M80
M9
M8

Der Autor

Roman Alexander Bolli, 7.7.1977, aus Löhningen in der schönen Schweiz.
Aus der Leidenschaft für das Wandern und Campen wurde praktischerweise das Trekking. Nach den ersten Schritten habe ich mich in diese Form des Erholungsurlaubs verliebt.

Mittlerweile wäre es für mich unvorstellbar, über Tage in einem Club-Hotel zu logieren, während das einzige Abenteuer darin besteht, die Poolliege vor den Müllers reservieren zu können und den Kampf um das saftigste Bratenstück am Buffet zu gewinnen. Die Freude am Trekking möchte ich gerne den Lesern mitgeben und fröhne zeitgleich meinem Hobby, dem Schreiben.

Unser schöner Planet bietet allen Unkenrufen zum Trotz immernoch die Möglichkeit die Natur zu erfahren, in Harmonie mit ihr zu leben. Das Abenteuer beginnt, wenn ihr euren Hausrat in den Rucksack packt und jeder Schritt ist ein neues Kapitel.

Oktober, 2015
roman.bolli@rab-net.com

Roman Alexander Bolli kehrt zurück in

"Ein Schaffhauser auf dem Laugavegur"

9318807R00052

Printed in Germany
by Amazon Distribution
GmbH, Leipzig